ELON MUSK

埃隆·马斯克

梦想与冒险

王川　白云上　/ 著

浙江大学出版社

图书在版编目（CIP）数据

埃隆·马斯克：梦想与冒险/王川，白云上著. --杭州：浙江大学出版社，2022.3
ISBN 978-7-308-21904-4

Ⅰ.①埃… Ⅱ.①王… ②白… Ⅲ.①埃隆·马斯克—生平事迹 Ⅳ.①K837.115.38

中国版本图书馆CIP数据核字（2021）第220777号

埃隆·马斯克：梦想与冒险

王　川　白云上　著

责任编辑	卢　川
责任校对	陈　欣
封面设计	卓义云天
出版发行	浙江大学出版社
	（杭州天目山路148号　邮政编码：310007）
	（网址：http://www.zjupress.com）
排　　版	浙江时代出版服务有限公司
印　　刷	杭州钱江彩色印务有限公司
开　　本	880mm×1230mm　1/32
印　　张	8.25
字　　数	127千
版 印 次	2022年3月第1版　2022年3月第1次印刷
书　　号	ISBN 978-7-308-21904-4
定　　价	59.00元

版权所有　翻印必究　印装差错　负责调换

浙江大学出版社市场运营中心联系方式：（0571）88925591；http://zjdxcbs.tmall.com

序 言

让全人类去火星上定居,这简直是天方夜谭,但是有这样一个人,却把它当成毕生的目标去奋斗,他就是埃隆·马斯克。

出生于南非,求学在美国,崛起在硅谷,闻名于世界,发力向太空……马斯克的传奇创业生涯,正如他的先辈们的冒险经历,这其中有催人奋进的故事,也有不堪回首的记忆。成长在一个离异家庭,生活的变故让马斯克变得自闭和内敛,他由此爱上了阅读,书籍成为他最好的朋友,他从中获取了知识、力量和信仰。青少年时代,不爱交际的马斯克一度遭受校园暴力,但是他没有任人欺辱,反而在强身健体之后勇敢反击,这种强大的意志力和韧性,让马斯克能够克服重重障碍,不断进取,最终在求职和创业的道路上"弯道超车",成为硅谷精神的受益者和传播者。

从开创 PayPal 引领网络支付再到接手特斯拉推广新能源汽车,从发射猎鹰 1 号升空到打造太阳城的新生活时代,马斯克以大胆的想象力和顽强的意志在不断地探索着,虽然一直遭受外界的嘲讽，但他仍然捍卫着心中的目标。不夸张地讲，马斯克的每一段经历都有过不堪回首的故事，他被同僚驱逐过，被合作伙伴抛弃过，被员工背叛过……然而每一次的历练不仅没让他一蹶不振，反而让他逆境逢生。

和一般的企业家不同，马斯克有着超出常人的专注力，这让他能够在一个难以预见市场前景的产品上深耕，进而创造出让人惊叹的成绩。他的梦想不仅宏伟远大，更是在多个领域处处开花：从互联网到电动车再到航空和清洁能源，马斯克涉足的每个领域几乎都能取得不凡的成就。除此之外，马斯克的"疯狂"执念，让他的视线一直离不开人类和地球的未来，他时而幻想带着人们去太空旅行，时而筹谋着超级高铁计划。有人说，乔布斯改变了人类的生活，那么马斯克改变的程度更加深远。他关注的不仅仅是人类的生活方式，而是扩大了对整个地球文明演进的忧虑：资源减少、生态恶化、人口增加……于是，他把视线从原来深耕的互联网转移到了航天、新能源、AI 技术等领域，因为只有那里才决定着人类社会的未来。

特立独行，敢想敢干，战略视角，工匠精神……这些都是贴在马斯克身上的标签，他成为一个将梦想家和实干家结合起来的创业者，拥有魔术师一般的神奇操作，用实际行动让嘲笑他的人一次次被打脸。其实，马斯克的传奇不在于他创造了多少奇迹，而是在于他产生了多少梦想，因为改变世界不能仅靠他自己，他需要更多的盟友和支持者，而他的故事就是最嘹亮的号角。

人类一思考，上帝就发笑。或许，马斯克的思考会让上帝也一起沉思。

目录

第一章　序曲奏响：钢铁侠的人间复刻

凭什么叫他"下一个乔布斯"？　　003

终极猜想：这个男人有失败体验瘾　　009

最懂经济学的"赌徒"上桌了　　016

追根溯源的逻辑鬼才　　023

时刻"精分"，时刻蹂躏上一个自己　　030

第二章　成长岁月：磨砺和探索

出生在安逸与动荡并存的南非　　039

童年、图书、新世界　　045

中学时代：从被霸凌到绝地反杀	050
大学的抉择，哪一所才是容身之地	055
移民：寻找北美大陆的梦之国	059

第三章　初入社会：学习与进化

毕业新方向——拥抱前端科技	069
创业之殇：如何让 Zip2 打响第一枪	074
X.com 诞生：踩着前一个创业果实登高	080
PayPal 的双赢：从打工老板到成功商人	085
公司合并引发的内部斗争	091
落败不是尾声，是新战争的前奏	096

第四章　东山再起：创业家的觉醒与开拓

用闲置资金瞄准太空	105
集结团队：把精英召集在身边	110
太空梦从火星绿洲开始	114
再进一步，SpaceX 准备起飞	120

三次发射惨败后的从容　　125

收购 SolarCity：新能源时代的布局　　134

第五章　梅开二度：跑步进入新能源时代

由碳排放引发的新思考　　143

解决问题的关键是重新定义动力　　148

新品降生："超跑"Model S　　154

前进受挫，距离破产只有一步之遥　　159

颠覆思维，用 AI 取代驾照　　164

第六章　跑马圈地：与寡头们争夺市场

Space 的金主：与 NASA 的合作与斗争　　173

走出北美：三顾中国背后的布局　　179

Model S 火爆后的设计师之战　　184

丰田和戴姆勒：进军路上亦敌亦友　　189

线下市场的底特律阻击战　　194

第七章 恩怨纠葛：前任和现任的轮转

大学初恋：与贾斯汀的童话邂逅　　203

七年之痒葬送第一段婚姻　　208

恢复单身：一个女友代表一段绯闻　　213

再入婚姻殿堂，思想实验是媒人　　218

第八章 名扬海外：真·钢铁侠的诞生

狂欢过后就是移居火星　　227

垄断火星：人类新生活的构想　　232

离开地球是终极目标　　237

战略对抗：与贝佐斯竞速太空与大地　　241

火人节点亮那个男人的野心　　249

后记　　255

ELON MUSK

第一章

序曲奏响:
钢铁侠的人间复刻

凭什么叫他"下一个乔布斯"?

有这样一个男人,他不是娱乐明星,却总能频繁登上头条;

有这样一个男人,他不是国家政要,却在世界拥有高知名度;

有这样一个男人,他不是体坛悍将,却被人们称为钢铁侠。

这个男人,就是埃隆·马斯克。

这个有点狂野有点张扬的男人,在全世界拥有着如此高的知名度,不仅是因为他做了很多吸引眼球又酷炫无比的事,更是因为他正在做的事情已经开启了改变世界的新进程。

曾经把乔布斯扫地出门的苹果前任 CEO 约翰·斯卡

利，曾说过一句震动世界的话：马斯克将是下一个乔布斯。在斯卡利看来，马斯克和乔布斯都是拥有远见卓识的领导者。

其实马斯克和乔布斯的共同点不止这一个，他们的成功都得益于美国工业实力和科技实力的爆发，在这两位大咖的身后，站着的不是默默付出的贤惠女人，而是发际线感人的万千工程师以及更为庞大的生产企业。

很多人第一次知道马斯克，也许是通过某一篇公众号文章，因为人们喜欢给他身上粘贴各种很鸡汤的标签：坚强、毅力、高智商、科技型企业家……也因为这些标签，让一些人讨厌他：孤僻、古怪、独来独往、偏执狂、疯子……没错，这也是马斯克和乔布斯的第三个共同点：极致的个性。

"极致的成功需要极致的个性。"用这句话形容马斯克，恐怕只说对了一半，另一半应该是"极致的思维需要极致的情绪"。没错，理性和感性从来不是对立的，马斯克，这个声称要在火星退休的怪客，有着不被常人理解的疯狂，以及缜密细腻的逻辑网格，因为造火箭可不像造汽车那么简单，汽车出 bug 了大不了抛锚，拆开修修还能用，火箭出 bug 了就变成过年的炮仗，一声响全世界都听得见，可马斯克还是照样干了，而且成了。于是，有越来越多的人开始喜欢他了。

那么，人们喜欢乔布斯什么呢？也许从 iPhone4 开始，也许从 Mac OS 系统开始，也许从年轻时那张帅气的照片开始。乔布斯的经历本身就是一部传奇故事，从被踢出亲手创办的公司到东山再起再到走向巅峰，当他在 2011 年溘然离世时，那个本该是金秋送爽的 9 月被涂抹上一层灰白色。

问题来了，有人喜欢马斯克，有人喜欢乔布斯，那么谁更值得喜欢呢？

乔布斯是狂士，也是一个幸运儿。乔布斯的成功，很大程度取决于他的出生环境和他的胆识魄力，倘若他没有出生在高科技云集的硅谷，恐怕就没有太多机会接触电子产品；倘若他出生在个人电脑大行其道的今天，也难以抓住时代的契机；倘若他没有任性地选择了贵族大学，他后半段的人生可能就是被打开的 Plan B 的展现。

正如很多企业家的成功史一样，天时地利、胆识魄力、明智的选择，这些因素缺一不可。所以聪明的人不少，成功的人却不多。从这一点上看，马斯克不是下一个乔布斯，因为马斯克不只是用优秀的产品改变世界，他还要用颠覆性的观念引导人们去探求新的世界。

马斯克也有着极致的个性，也有胆识魄力，但是放眼四周，其实拥有这种个性和特质的人并不在少数。马斯克的意气风发和沉迷思考，无非是很多人的少年缩影，他的内向和懦弱，也不能被硬捧为超然物外。然而，马斯克就是在这种众生相中拥有了独特的自画像。他就是一哥，无法超越的传说。

时光没有磨灭马斯克的意气风发，岁月没有消泯他的特立独行，甚至他的懦弱内向也没有完全消除。马斯克没有像同龄人那样成为一般意义上的成功者，而是成为一个堂·吉诃德式的英雄。在人生的前半段，人们认为他沉溺在自己的骑士世界里，组团看着他发飙发狂直至发疯；而在人生的后半段，这个喊着向风车冲刺的骑士终于被"送"上了神坛。

如果说乔布斯是一个叛逆的熊孩子，那马斯克就是一个乖巧的文疯子。

马斯克曾经在他的推特上说："我只是一只单纯的羊。"你没听错，这只"羊"身高一米九，强壮得像一头熊。可是如果了解马斯克，你会被他内心的文艺小清新所打动，他表面上拼装的是被金属覆盖的重型火箭，骨子里却是书写着"火星风光无限好"的田园诗人。最可怕的是，这个诗人不仅会写诗，还会画画和唱歌，他横跨计算机、太空、汽车、新能源……堪称跨界之神，神到让人看不懂。最要命的是，他跨来跨去就成了一部分地球人的精神领袖，人们跟着他，耳边能听到一个响亮的声音："走，跟我去火星转转！"

马斯克不是下一个乔布斯，因为以后的人会用"下一个马斯克"去定义另一类王者。

从能力上，马斯克的智商绝对占领了高地，他能玩软件开发，也能搞汽车设计，还能尝试新能源，更醉心于火箭制造，所以他是技术的领头人，是工程师中的包工头。而乔布斯呢？他可以重新定义个人 PC，他可以让智能手机带领人们进入新时代，可这些更多是一种包装和改进，我们可以说乔布斯是一个出色的产品经理、一个有超高品位的商人。正因为如此，马斯克也承认乔布斯比自己更酷。

从影响力上，马斯克的风头压过了乔布斯，乔布斯创造了被誉为完美的 Mac 电脑和 iPhone 手机，推动了互联网的软硬件应用，即便是普通人也有机会使用和体验高科技和精做工带给人的快感和乐趣，不过仅此而已。马斯克就不一样了，他正在或者即将改变的是人类的生活甚至是生存模式：电动汽车的普及，火箭升空，移居外星……正如一些人认为的那样，人类文明是否有重大的冲破，就是能否离开母星去另外一个星球，这就像判断一个人是否成年的标准——能否不需要父母的庇护而独立生存。只有这种变化，才配称得上是真正的改变，提供给未来人们更多的可能。所以，人们才把马斯克称为钢铁侠，而钢铁侠可是拯救全人类的超级英雄。

马斯克就是一个看起来温和，缺少那么一股狂野霸气的领导者，可他一旦认真起来，就变成了带着人们走向异世界的向导。最重要的是，当很多人封尘童年的梦想时，马斯克却能怀抱着童年梦想在成人世界里横冲直撞。也许，从小时候看超级英雄的漫画书开始，这种热爱就被马斯克完好地保留下来。

盘点完了马斯克，再看我们这些平庸的人类在干什么？登月之后谁还有雄心壮志去发展星际旅行？美国甚至连送宇航员去国际空间站都要俄罗斯帮忙。从阿波罗计划以后，人类对太空的探索不进则退，因为人们看不到巨大的利益在哪里。然而马斯克呢？宁可破产也要玩下去，在濒临破产的时候，你经常可以在特斯拉工厂的任何一个角落里看到蒙头大睡的马斯克，尽管他曾经是超级富豪，但他从不惧怕黑暗，不怕牺牲自己，更不怕变得一贫如洗。相比之下，乔布斯不存在这种天然障碍，他要创造的是高科技艺术品，是全人类都需要的，市场欢迎，资本青睐……轮到马斯克，对应的就是一连串比圆周率还长的问号。

马斯克就是这样一个男人，天天上头条抢风头，你还觉得不合理吗？

最后，我们来看一下马斯克列出的计划表：

2022年，火星上将会有两艘星际货运飞船；

2024年，会有六艘星际飞船，而且其中的两艘飞船是载人的，每艘船上将会有100人左右；

2024年，火星上至少有一个地球村，那里有你吗？

可能没有你，但一定有马斯克。

终极猜想：这个男人有失败体验瘾

每个成功者都不害怕谈论过往的失败，甚至会把失败的经历当成一种光辉和荣耀，因为这样才能突出自己是历经千锤百炼才迈向人生巅峰的，以至于有的人会"大言不惭"地表示喜欢失败的感觉。但是，当一个人还没有成功时，失败可是妥妥的梦想终结者，这时候还喜欢体验失败，那对失败才是真爱。这样的人，世上有吗？

埃隆·马斯克就是真爱失败的成功者。

马斯克对失败的迷恋，甚至用"真爱"都不足以表达，我们可以把它认为是一种"失败体验瘾"。当然，这并不代表马斯克迷恋失败本身，而是他把失败作为一种衡量自己"距离成功还有多远"的标尺，他不是单纯地从失败中汲取教训，也不是拿失败来卖惨，而是从失败中检验自己对成功的领悟。

"如果没有失败，说明你的创新还不够。"

当你反复默念这句话三遍以上，就能理解马斯克为什么对失败如此着迷了，他甚至有一个清新脱俗的外号——失败大王。不要认为这是一个调侃他的外号，正是因为马斯克的经历，才让越来越多的人发现，虽然自己的财富值和马斯克隔着一个火星，但是从失败的"狼狈相"来看，不过是隔着一辆特斯拉。不夸张地说，马斯克的失败经历，几乎能够从所有人身上找到翻版。那么，我们就来盘点一下马斯克都遇到过哪些奇葩的失败。

1995年，马斯克求职一家名为"Netscape"的公司，现在听着很陌生，可在当时却是名震业内的浏览器巨头，结果马斯克因为害羞一直在大厅里闲逛，根本没法和人交谈，场面非常尴尬，他就像是一个小透明被彻底无视了。但是，正是这一次的求职经历，让马斯克发现，自己好像不太适合打工，于是他开始走上了创业之路。

如果你在求职的时候也频繁地吃闭门羹或者怯于交流，那也没关系，因为你可以换一种思路：也许你不是一个优秀的打工仔，但你有可能是一个成功的创业者，要是你觉得还缺少几分勇气，可以拿着简历感受一次马斯克式的尴尬。

并不是所有的失败都是丢人的，有些在让你丢人的同时，也给了你新的启发。

1999年，马斯克脑洞大开地设计了在线支付平台PayPal，他以为这是一个划时代的突破，然而民间似乎不怎么买账，结果他的这个创业"光荣"当选"美国十大最糟商业理念之一"。糟心吗？肯定糟心，但是马斯克没有和媒体对线，不是他怂了，是因为提出理念是他的事，如何评价是别人的事，就像厨子不该跟美食家打嘴仗一样，厨子只应该跟厨子正面硬刚。

在人生中遭遇"五星差评"，这种事估计也有人遇到过，比如在某个聚会上自告奋勇做了一道梅菜扣肉，结果一上桌就变成了朋友圈疯传的黑暗料理，但是请别郁闷，因为你和马斯克一样,都是因为挑战自己才遭遇了失败,永远保持零差评纪录的,是那些缩在角落里不敢出头的人。

有时候,失败会带给你羞耻,但这羞耻会让你彻底放下面子,而人一旦不那么在乎面子,就天下无敌了。

2000年,当时还在度蜜月的马斯克忽然收到公司的一个通知,不是告诉他升职或者加薪,而是告诉他在PayPal中被踢出局了,简直就是"人在度假中,祸从天上来"。马斯克心里委屈吗?当然,因为这是一次残酷的权力之争,那么马斯克准备报复吗?并没有,因为他知道自己被排挤出局是板上钉钉的事了,有演绎基督山恩仇录的工夫不如干点更有意义的事情,于是他开始着手下一个商业计划。

估计一些人也有过类似的经历,有些人选择恼羞成怒,有些人选择忍气吞声,但是马斯克二者都不选,他能接受这种丢人丢到家的失败,不是因为脸皮厚,而是要做的事情太多了,不能在一件事上反复折磨自己。

2001年,此时的马斯克开始玩火箭上天的高端游戏了,媒体和大众几乎是将其当成笑话看,马斯克一如既往地不在乎,然而在他准备从俄罗斯人手中买火箭的时候,对方一听他要把老鼠和植物送上火星,直接拒绝了。这种

第一章
序曲奏响：钢铁侠的人间复刻

当众打脸的事情，估计有人遇到过，但是打得如此响亮的，可能也就马斯克一个了。到了第二年，马斯克的脸消肿了，他又一次找到了俄罗斯人，这一次没提之前的事，可俄罗斯人却用"走好不送"终结了这次谈话。连续两次打脸，换成一般人估计要口吐芬芳飙脏话了，然而马斯克没工夫骂人，反而心里一块石头落了地：既然没人卖，那就自己造吧！从这一刻开始，大名鼎鼎的 SpaceX 开始"怀孕待产"了。

失败会给人打脸，但是打疼之后，脑子往往也会变得更清醒。

2006 年，这是马斯克人生中最值得纪念的日子，因为这是他制造的火箭第一次上天的伟大时刻，当然也是第一次爆炸的黑暗时刻，而且这种"美好"一直延续到第二次发射——再次爆炸。轮到第三次发射时，总算没有爆炸，但是却一去不复返了，连个响儿都没有听到。

这种全世界皆知的三连败，估计很少有人体验过，但这只能证明马斯克创新的胆子比你更大，因为大家都知道送卫星上天是一件多么困难的事情，一般人点个烟花还可能灭火，那么马斯克不知道其中的失败率吗？当然知道。但是正因为这一连串的失败，才让他积累了经验，在日后发射成功时获得了全世界的喝彩。

连续的失败并不能证明一个人没有吸取教训，反而会坚定一个人拿下目标的决心。

2008年10月，这又是马斯克人生的"高光时刻"，他很"幸运"地处于破产的边缘，当然这对很多成功人士来说也不算什么新鲜事，但是马斯克的心态却超级好，因为他早就料到会有这么一天，因为他一只手在折腾火箭上天，另一只手在实践电动车下地，两个都是高危加烧钱的项目，但是他一点也不害怕，因为大不了一无所有。是的，你没听错，上亿资产归零在马斯克看来就是"没什么大不了"。

破产对很多人来说，恐怕是最无法忍受的失败了，这意味着日后想要翻身会困难重重，所以多数人为了规避风险，会给自己设定一个警戒线，比如赔到多少钱就不玩了，再比如开辟两条战线兜底。可马斯克没这么干，他是双线冒险全程作死，和失败几乎是脸贴脸玩到底，可他就是玩得起，因为他是真的想上天，也真的想用电动车改变世界。

有的人是被动接受失败，有的人是主动体验失败，前者赢在心态，后者赢在格局。

2014年，马斯克引以为傲的特斯拉Model S，被发现

第一章
序曲奏响：钢铁侠的人间复刻

存在着电池自燃等重大问题，这一下导致不少汽车被召回，原定的生产计划遭到了挫折，更要命的是，很多客户的预订要求无法满足，马斯克承受的不仅仅是技术压力、生产压力和资金压力，更承受着口碑压力，外界开始唱衰特斯拉和马斯克。

这种墙倒众人推的大场面，一些成功人士也曾经经历过，但是多数人是出于无奈，而马斯克却是主动地把自己"逼上了绝路"，这倒不是说他有意找死，而是想要大踏步地让 Model S 尽快投入市场，成为改变人类驾驶生活的里程碑，正因为这一步迈得有点大，才让自己四面楚歌。当然，这个黑暗的阶段不过是特斯拉发展史中的一个插曲而已，并没有终结马斯克的电动车之梦，但是这种不顾一切的拼劲、蛮劲和韧劲，也在这突如其来的失败中真实地呈现出来，让人们看到了马斯克与梦想死磕到底的勇气，这一点恰恰是很多人缺少的。

以上只是马斯克诸多经典失败中最引人注目的失败，其他的失败案例还有很多，不难看出，马斯克是妥妥的行走在失败边缘的男人，没有人比他更懂失败，也没有人比他更能体会从成功到失败的落差。如果时光倒流，回到马斯克一身狼狈身无分文的时候，你还能想象出他是未来的成功者吗？最多人会把他的奇葩经历当成反面教材，但人们没看到的是，已经和失败拥抱了无数次的马斯克，正在悄悄地攀登上了人类想象力、创造力和经营力的巅峰。

这就是一个失败体验瘾患者的传奇之处。

最懂经济学的"赌徒"上桌了

有人说，从头顶上神秘的太空到脚下不可知的隧道，再到公路上狂奔疾驰的电动汽车，没有什么领域是马斯克不敢介入的，对他来说，"跨界"已经不足以形容他的超神状态，从他的人生和事业轨迹来看，他更像是一个胆大妄为又心思缜密的赌徒，整个世界就是他的赌桌，赌桌上的任何东西都可以成为他的赌注。

从 2019 年 11 月开始，特斯拉的股价一直狂飙，最高纪录是 1100 美元，这已经超出 1000 美元的"盘中纪录"。2021 年，特斯拉的市值突破 1 万亿美元，超越了丰田、大众、通用等 11 家老牌车企之和。

马斯克这个精明大胆的赌徒，终于在赌桌上惊艳了全世界。

一个合格的商界赌徒该是什么样的？能够借助资本的

第一章
序曲奏响：钢铁侠的人间复刻

力量去带动市场，让股价像劲舞团一样用摇曳的身姿吸引大量新资本注入，就像是赌徒选择了要下注的号码之后，一大堆人纷纷跟投，特斯拉的股价是最好的证明，而马斯克就是指挥这一切的操盘手。

那么，这个赌徒的成功之道是什么呢？有人说，是特斯拉的汽车，也有人说是 SpaceX 的火箭，其实如果真的是这两者，那么马斯克也并非是一个赌徒，无非是一个成功的企业家，赌徒之所以赌，是因为把赌注押在了小概率的事情上，对于马斯克来说，这件事情不是电动汽车，也不是喷气火箭，而是他对粉丝的感召力。马斯克把所有的小概率和不确定，都赌在了他当时的 3000 万粉丝上。

这是马斯克作为赌徒的第一大杀招。

从 2019 年 11 月 11 日到 2020 年的 2 月 7 日，马斯克先后在推特上发布了 181 条推文，如果用同一时间段特斯拉增长的市值计算，差不多每条推文的价值为 4.02 亿美元，真正的"一字千金"。这可不是使两者强行产生关联，我们看看马斯克都发了些什么推文呢？

从 2019 年 11 月开始，马斯克的推特上频繁出现一个词——"Cybertruck"，这是特斯拉的一款电动皮卡车型，马斯克借助推特让"Cybertruck"不断曝光，成为他推特上闪现次数最多的词汇，总计达到 15 次，那么如果用 3000 万乘以 15，这个词汇的数据曝光度就达到了 4.5 亿次，虽然这只是一个单纯的乘法计算，可在互联网效应的作用下，"Cybertruck"毫无疑问地成为网络上高曝光的词汇之一。不信的话，就看看 11 月 22 日发布会当天，马斯克在亲临现场演示新车时又连续发布了 10 条推文，在接下来 5 天的预定时间内，特斯拉一共收到了 25 万份订单，这一部分的收入就达到了 2500 万美元，与此同时，特斯拉的股价开始上涨，一天内从每股 333 美元增长到每股 419 美元。

这一切的成功，除了把粉丝当成赌注之外，也离不开马斯克的曝光率营销。

曝光率营销是互联网时代一种特殊的营销理念和模式，是在各个高关注度、高曝光率的主流媒体进行同步营销，借助多个主流媒介的互相作用力以及第三方媒介，让曝光力度达到最大，从而将曝光率提升到最高值。

但是问题来了，马斯克本身代表着主流媒体吗？从定义上讲当然不算，因为在推特上，"埃隆·马斯克"不过是一个有 3000 万粉丝的账号而已，所以马斯克才大胆地赌了一把，他要将 3000 万粉丝和这个绑定的账号临时升

第一章
序曲奏响：钢铁侠的人间复刻

级为主流媒体，结果证明他赌对了，人们在网络上展开了对"Cybertruck"的讨论，这种讨论是正向的而非负向的，这就相当于为"Cybertruck"的上市做了免费推广。

回过头来看，如果马斯克这一次赌错了，曝光率没有达到预期，那么"Cybertruck"就错过了宣传的最佳机会，很可能一出师就遭受冷遇，这时候再去大力宣传就显得十分尴尬，而且投入的成本也会增加不少。

当然，马斯克能够玩好这一次营销，是吃透了粉丝经济学的奥义。虽然人人都知道粉丝是变现的基础，但并不是所有人都认识到，如今的粉丝经济不再是通过企业品牌和用户建立联系，而是通过具体的人（如代言明星或者企业家）和用户建立联系，让品牌人格化。这一点，马斯克做到了。

在推特上，人们知道马斯克是谁，但马斯克的表达更像是一个怀揣黑科技梦想的极客狂人，而非某某公司的老板，所以他和粉丝之间的关系更像是爱豆和粉丝的关系。在这种强关系之下，马斯克的推特账号才具备了主流媒体的功能，这也让马斯克成为一个大胆的粉丝经济实践者。

把粉丝当成赌注，这只是马斯克赌徒人生中的一个小篇章而已，他还有更让人惊叹的赌局。

2007年，特斯拉遭遇了"难产"危机，造不出向市场和用户承诺的电动汽车，马斯克大刀阔斧地裁掉了四分之一的员工，然后用10%的股份换来了奔驰5亿美元的投资，又倾尽全力从美国能源部那里拿到了将近5亿美元的贷款。在一般人看来，这10亿美元就是马斯克的赌注，他应该用这笔钱好好生产他之前一直推崇的Roadster车型，然而让人大跌眼镜的是，马斯克根本没这么做，他聘请了世界汽车行业知名的设计师弗朗茨·霍兹豪森，设计了一款四门的"Model S"。

在这款新车型中，马斯克加入了自己很多的想法，比如用大屏幕控制汽车的所有功能，等等。这一步无疑是冒险的，因为Model S是特斯拉自主设计的，只能自己制造，这对马斯克来说是非常棘手的问题。但幸运的是，马斯克说服了丰田，获得了丰田和通用在硅谷弗里芒的一家车厂，就是靠着这个差点被卖给博物馆的车厂，马斯克用两年的时间造出了Model S。

Model S的诞生，并不是马斯克受到幸运女神的垂青，而是他赌徒思维的胜利，因为真正让"Model S"被市场接受的原因是，马斯克把它当成了梦想的代名词。不管是在推特上，还是在线下，马斯克都在大谈特谈Model S是

第一章
序曲奏响：钢铁侠的人间复刻

他承载梦想的容器，而且还把 Model S 和人类未来的新驾驶体验结合在一起，于是，这款造型优美的大型轿车，成为激发汽车爱好者极致想象力的神物，在美国 Model S 被称为是顶级的"梦幻车"。

这一次，马斯克的赌注不再是粉丝，而是比粉丝更具有变现能力的"梦想"。

这个世界上，不是所有人都是马斯克的粉丝，但几乎所有人都有梦想，只是梦想千差万别而已，但是马斯克却通过"洗脑"的方式，让人们认定他是一个坚持追求梦想的人，被他深深感动了。紧接着，马斯克又把他的梦想贩卖给了喜欢汽车的人，让他们认为这款车型代表着未来，代表着市场，代表着高端品位，最终的结果是，大部分人都接受了这一理念，Model S 才冲破一切障碍，成为纯电动车领域大众向往的对象。

梦想是什么？它是最美丽的一种预期，而预期代表着需求，需求又是经济学中的重要概念，有了需求，人们才不遗余力地为它产生一系列的经济行为，然而马斯克没有直白地把需求当成一个营销概念，而是转变为了乌托邦式的概念，他骨子里是一个赌徒，对外展现的却是一个梦想家的形象。这个梦想家，依靠着兜售梦想达到了他的商业目的。当然，这个赌注也对应着未知的失败，如果马斯克的梦想不足以打动人心，那么 Model S 不过是一个定位于"土豪玩具"的电动汽车，没有多少人会买账。

把粉丝当赌注，是善于揣摩人心；把梦想当赌注，是精通人与人的交流之道。这种交流不是语言沟通层面的，而是精神层面的。可以说，马斯克的每一次商业抉择，都如同一次轮盘赌，既充满着巨大的诱惑，也潜伏着可怕的危险。

股神巴菲特有一个关于轮盘赌的描述，大意是：如果做某件事可能会产生毁掉你的后果，那么做这件事就是很糟糕的想法，就像是普通人拿出全部积蓄去购买彩票一样，中大奖的概率微乎其微，却很可能丧失全部财产，这样的冲动行为只有极少数的人愿意尝试。

如果是普通人，钱的数额可能是越大越好，但是对马斯克来说，给他壮胆的不是钱的数额，而是他想要的那个世界。在那个世界里，流动的不只是金钱，还有他构想的全新生活，而这些才是引诱他变身为赌徒的关键。

一般来说，赌徒赢得越多，想要收手的想法就会越强烈，因为一无所有的人才无所畏惧。而马斯克则不同，不管他赢了多少，他都渴望着在下一轮的赌局中再度胜出，

第一章
序曲奏响：钢铁侠的人间复刻

因为他的目标不是赢多少钱，而是不断掌控新的赌局，而在新的赌局中他又有可能会变得一无所有，所以他才一直无所畏惧。

难怪国外的网友认为马斯克应该拿诺贝尔经济学奖，因为认为他深谙市场之道。

追根溯源的逻辑鬼才

2020年5月31日凌晨3时22分，美国肯尼迪航天中心39A发射台上，由SpaceX研发的载人"龙飞船"，凭借着猎鹰9号火箭的强大推力被成功送上蓝天。经历了将近一天的飞行之后，6月1日凌晨1点22分，龙飞船上的两位宇航员终于进入国际空间站，和在那里等候多时的宇航员正式会面。

全世界都在说，埃隆·马斯克创造了历史。

在此之前，马斯克已经是一个备受媒体和大众关注的头面人物，但是在载人飞船发射成功之后，这种关注被推到了高潮，于是有更多的人开始研究，这个在不同商业领域都玩转了的男人到底靠什么成功的？当然，一般人研究的是马斯克有什么后台背景，聪明人会研究马斯克的经商绝学，有大智慧的人会抛开这一切，研究马斯克到底拥有了一套怎样的绝妙逻辑体系。

其实，分析马斯克的逻辑思维没有那么难，因为你不用针对"特斯拉的马斯克"或者"SpaceX的马斯克"分别进行分析，因为马斯克从来只有一个，不管他进入哪个领域，其底层思维逻辑都是一样的。

那么，马斯克的底层逻辑思维到底是什么呢？

我们知道，世间万物都有源头，任何事情都可以追根溯源，借用老子的话就是："道生一，一生二，二生三，三生万物。"那么"道"又代表着什么呢？代表着天地间最基本的原理和法则，只要抓住了它就能抓住一切。

马斯克在创办SpaceX之前，他的创业故事听起来和别的商界大佬并没有什么不同，无外乎是夹着包上门推销，不断吃闭门羹或者被嘲笑为骗子，然后拍拍身上的尘土又去下一家继续推销，典型的"屡战屡败，屡败屡战"，凭着这股劲头，马斯克成功地创立了Zip2和X.com两个互联网公司，这一段经历和其他成功人士没多大区别。因为马斯克刚好赶上了互联网的高速发展时期，有点眼光，有点胆量，有点耐性，成功的概率很大。所以，这些互联网大佬从逻辑思维上看，并没有太多可大吹特吹的地方。

但是，马斯克没有停留在这个创业的舒适区，他先后卖掉了两家互联网公司，然后摩拳擦掌进入三个陌生但又充满吸引力的领域：航空、电动车、太阳能。从这一刻开始，马斯克的鬼才逻辑才真正发挥了作用。

对这三个领域比较熟悉的人都知道，它们虽然是高科技产业，却是长期停滞不前的产业，进门倒是容易，可要想走得远却难上加难，所以外界对马斯克进军三领域的行为认定是"自杀式的创业"。后面的事情我们也都知道了，马斯克多次面临倒闭风险，尤其是SpaceX，接连发射三次火箭都以失败告终，然而马斯克却像小强一样挺了过来，而且很滋润地活到了现在。

不是幸运女神拯救了马斯克，也不是厄运之神放过了马斯克，而是他的鬼才逻辑发挥了超凡作用。

追根溯源，就是马斯克的鬼才逻辑核心，这个逻辑的基本原则是剥开表象去发现本质，然后从本质开始再回归到表象。就凭这一条，马斯克的成功就不无道理。因为对大多数普通人来说，我们习惯跟风，看到别人做什么也跟着做什么，只看到了事物美好的表象，却不知道内核长什么样子。

马斯克是怎么追根溯源的呢？举个例子：马斯克如何

给员工下定代码任务。他早期的下属曾调侃："埃隆会拿秒表记录自己敲键盘的速度的时间，用总代码量除以这个时间，然后按得数的时间给我们下任务。"听起来有些变态，可仔细琢磨一下，马斯克找到了单位时间内敲代码量的本源，然后用这个本源去要求员工，已经很讲道理了。

对于这种做法，马斯克有一个很有趣的观点，他认为如果一件事在物理学上是可能的，那就一定能实现，如果不能实现，那并不代表物理学有问题，而是在中间的某个环节出了问题，所以你要解决的不是物理学，而是中间商。把这个观点套用在敲代码这件事上可以发现：如果某个员工没有在规定时间内完成任务，根本原因就是他在敲键盘的中途开了小差，所以才完成不了任务。

从这个角度看，追根溯源这种鬼才逻辑，听起来有点深奥，但执行起来却很简单，因为它简化了一切复杂的表象，直击事物本质，让目标得以简化。

因为懂得追根溯源，所以马斯克在他的创业旅程中，很快就找到了"使命"。这听起来有点像拙劣成功学喜欢贩卖的名词，其实不然，真正拥有创业使命感的人，才能在创业的道路上一往无前，因为它是一个战略层面的总方针。

第一章
序曲奏响：钢铁侠的人间复刻

就拿马斯克来说，他所认为的使命是什么呢？创办互联网公司？不是。成为大权在握的掌门人？也不是。事实上，所谓的使命从马斯克的大学时代就开始了，那时候他就发现，人类未来会和五个问题密切关联：互联网、可再生能源、太空探索、人工智能及基因工程。听起来是不是有点耳熟？没错，马斯克后来的创业历程，基本上就是按照这五个关键词进行的。

当马斯克提出要把人类送到火星的时候，或许很多人已经笑岔了气，认为他不是一个疯子就是一个骗子，却没人去关注他为什么会提出这个远大的构想，因为他们不知道马斯克已经找到了自己的使命，听起来有点不可思议，可就是有了这个明确的目标，才让马斯克集中所有财力和精力去做这件事，而且还做成了。

马斯克为什么要移居火星呢？因为这个逻辑鬼才早就有了想法，他认为地球已经发生过五次物种大灭绝，每一次都会有大批的物种消失，那么在未来的五千万年里，很可能还要来一次物种大灭绝，那么对人类来说，最好的避险措施就是"复制粘贴"——把人类的物种进行复制然后投放到一个安全的环境中，那么火星就是最理想的地方。

你看，只要顺着马斯克的逻辑主线去倒推，你就会发现人家说得头头是道，接着再按照这条主线推回来，你是不是又觉得"移居火星"这个目标一点都不可笑了呢？这就是鬼才逻辑的魅力所在。

有了移居火星的目标，马斯克下一步要做的，就是制造出能够载人的太空飞行器以及在火星移居的技术和设备。

第一阶段，制造火箭。

别看马斯克之前没有接触过航天科技，但是他有了使命，有了目标，就会不遗余力地去做，哪怕最开始制造的"猎鹰1号"只有一吨重，那也是移居火星的第一步。那么接下来连续三次发射失败的事情也好理解了：甭管火箭是出故障还是自爆，这些都不会让马斯克放弃，因为没有火箭就无法移居火星，他的使命就实现不了。正是有了这样的逻辑支撑，才让他咬着牙熬过了每一次失败并无惧外界的嘲笑。

第二阶段，太空旅行。

光有火箭是不够的，它不过是一种动力装置，要让人类移居火星，还需要有在太空遨游的飞行器，于是马斯克绞尽脑汁地去研发"龙飞船"以及"重型猎鹰"等，即使中间遭遇了各种不顺利，可这和未来快乐的火星生活相比

第一章
序曲奏响：钢铁侠的人间复刻

又算得了什么呢？继续干就是了。

第三阶段，移居火星。

这一步到目前为止还没有真正实现，但是马斯克已经奔跑在这条路上了，他不介意前面有多少障碍在等着自己，他只知道自己追根溯源的真相是正确的：地球的资源正在枯竭，人类必须寻找新的伊甸园。在这种强烈的使命感的推动下，马斯克不在乎花多少钱，因为他知道这些钱就是用来干这些的，更不在乎会遇到多少麻烦，因为移居火星本来就是一件难事，不然恐龙为什么不去火星避难呢？

正是借助这种鬼才逻辑，马斯克竟然一口气读完了《火箭推进原理》《天体动力学基础》《燃气涡轮和火箭推进的空气动力学》等极其晦涩难懂的专业书籍，在外人看来他是病得不轻，可马斯克却喊着"再来一本"，因为他知道自己需要这些知识，而嘲讽他的那些人不需要，因为他们没有追根溯源发现使命，那就让他们继续稀里糊涂地傻笑吧。

逻辑是一个很奇妙的东西，很多人自认为很有逻辑，其实却不然。如果换了一个人去做马斯克的事，估计了解不到 5 分钟就会摇摇头："不行，这根本做不到！"可是轮到马斯克，他不会去想"做不到"，而是会想"怎样才能做到"，因为他已经看清了事情的本源，他所要做的不过是调整表象而已。

追根溯源这种逻辑思维，对大多数人来说有些枯燥，然而，最可悲的并不是人们在找寻真理时的胆怯，而是懒惰。很多人看似拥有逻辑思维，可他们的大脑不过是在复制别人的逻辑，成为他人思想的跑马场，所以当他们听到马斯克的豪言壮语时，就会把他的思维认定是"逻辑感人"。

这种看似"感人"的逻辑，让马斯克能够不断挑战失败，能够不断跨越各种障碍，他甚至已经意识到这种思维的厉害之处，会有意识地训练自己。结果如何呢？每当马斯克遇到重大挫折，他的鬼才逻辑就会爆发，他可以每天只睡4个小时就能保持足够的清醒，因为他早已让自己的理性精神升级到了极致。

如今这个鬼才，依然清醒，依然理性，他那奇特的逻辑思维，说不定什么时候又会震惊全世界，不过这一次，你或许不会那么吃惊了，因为你会相信他总是有道理的。

时刻"精分"，时刻踩躏上一个自己

有这样一个人，大家对他的评价是：信口开河、异想

第一章
序曲奏响：钢铁侠的人间复刻

天开、骗子、赌徒……听到这里，你是不是觉得这个人已经在监狱里了呢？没有，因为这个人是马斯克。那么，这些形容词真的是对马斯克的谩骂吗？不全是，甚至从某个角度看，这些是对马斯克比较客观的评价。

在特斯拉的 Model S 遭遇产能危机之前，马斯克向客户进行了承诺，然而他没有做到，这可以解释为"信口开河"，因为当时的他对量产电动汽车确实没有清晰的概念；移居火星，这是马斯克挂在嘴边的口头禅，即使在 SpaceX 的火箭发射成功之后，这个目标仍然被很多人质疑，说是异想天开也不过分；至于赌徒也不算是污蔑，马斯克的哪一次商业抉择不带有赌的成分呢？关于骗子，在马斯克完全兑现承诺之前，恐怕没有人敢为他摘掉这个标签。

马斯克的创业史，不仅集合了各种失败样本，也集合了前后不一的各种矛盾，不过这种矛盾并非出尔反尔，而是下一个阶段的马斯克挑战上一个阶段的马斯克。如果说大多数成功人士都有偏执倾向，那么马斯克不仅是偏执，还有一些的"精分"倾向。

Zip2 和 X.com 算是马斯克创业史上的高光时刻，那时候的他，一心要延续和发扬伟大的硅谷精神，用一根网线征服全世界，用一个网址聚敛天下财富，可没有人能想到，这个曾经挚爱互联网事业的大佬，竟然就在这巅峰时刻转手卖掉了两个"亲生骨肉"。按照马斯克追根溯源的鬼才逻辑，他下阶段的任务是去探索太空、电动车和太阳能，但是这一切发生得毫无征兆，而且他并没有在互联网这个五大使命之一的阵地留下半点驻军，而是彻底放弃了，这着实让人想不透。

从雄心勃勃地创办两个公司到眼睛不眨地卖给别人，前后的马斯克简直判若两人。不过仔细想想，这一次的"精分"可以这样解释：在马斯克看来，如今玩互联网的人越来越多，而他在这块田里"耕种"得也差不多了，再下去也不过是靠天吃饭，与其混吃等死，不如赶紧把目标切换成火星和新能源。

马斯克的思维看起来很"精分"，其实是从商业逻辑的层面上做出了重大决策，只不过在普通人眼里因为反转太快才觉得难以理解，然而就是这种短平快的打法，才证明马斯克做事的魄力非同寻常。

卖公司并非马斯克唯一的一次"精分"，下一次的"精分"不仅突然，还毫不留情地蹂躏了他自己。

在SpaceX成立之初，马斯克寻找设计师，购买火箭，完全是一副谦虚的小学生做派。可没过多久,马斯克竟然膨胀起来,对外吹嘘火箭是他自己设计的,这让他的工程师团队产生了极大的不满。那么,昔日那个求贤若渴的马斯克去哪儿了呢?事实上,他之所以从低姿态变成了高姿态,不过是因为他距离移居火星的目标更近了一步而已。那么,这一次的"精分"给马斯克带来了什么呢?

最直接结果就是马斯克和他的团队产生了信任危机,而这种危机让他开始清醒起来:他不过是一个梦想设计师,并非全知全能,他要做的不是独自怀揣梦想埋头苦干,而是要把这个梦想传播给更多的人,让他们分担实现梦想的重任。在马斯克的人事调整下,他的团队也渐渐产生了凝聚力,即使经历了最黑暗的发射三连败,也仍然有一批骨干力量坚定地支持他。设想一下,如果马斯克不曾"精分"过,恐怕他的团队也不过是一批想着几点下班的打工仔,他们对梦想的态度就像是鱼不需要自行车。

这次的"精分",让马斯克重新调整了自身定位,不过更让人咋舌的"精分"表现还在后面。

2018年8月,马斯克干了一件惊爆眼球的事情,他突然宣布考虑让特斯拉私有化。还是那个老配方,这个重磅炸弹的宣布不是在公司的内部会议上,也不是群发给员工的邮件里，而是在他的推特上，这意味着全世界都知道了这个消息。

对此马斯克给出的理由是，他认为私有化能提高公司运营的透明度。当然这个理由多少有些牵强，不过从马斯克的性格来看，这个充满着控制欲的男人想要独揽大权再正常不过了，毕竟他曾经在公司内斗中被残忍地踢出局。但是，私有化牵涉太多的人，很快就引起了特斯拉内部的骚动，因为人们不知道这个决定代表着一个终点还是一个开始。几天下来，马斯克被搞得焦头烂额，美国证券交易委员会甚至介入调查，董事会的很多成员也被激怒了，导致那段时间马斯克睡觉都离不开安眠药。

如果说"私有化"是马斯克临时起意提出的，那么在17天以后，马斯克又一次"临时起意"地宣布：特斯拉的私有化计划终止，公司维持现状。

这是新一次大型"精分"现场。

若把马斯克换成其他人，这个决定显然不算"精分"，因为这可以理解为害怕事情闹大采取了妥协，但是对马斯克来说，他的雄心铁胆，从来没有真正畏惧过什么，而且马斯克提出私有化之后就宣称自己"不差钱"，更何况这么重要的决策，马斯克不可能不做好应对策略，然而只过了17天就彻底收回成命，实在是违背他的做事风格。那么，马斯克这一次的"精分"又是因为什么呢？

马斯克有一项绝学，那就是能游刃有余地玩转资本市场。打个比方，马斯克手里有五个杯子，但是他只有两个盖，在外人看来这是不搭配的组合，但是马斯克却能在给你倒水的时候用掉一个杯子，还能以凉开水为名让另外两个倒了开水的杯子不用盖，而用盖子盖上那两个暂时不用的杯子，这样的搭配组合看起来无懈可击。这些杯子就相当于由马斯克操盘的项目，所以他总是在资本市场保持着不快不慢的扩张速度，很少会因为资金链断裂而使自己失信。

不过，马斯克的扩张也不是随心所欲的。他遭遇了比较恶心的对手，那就是空头，这帮股市老油条凭借着经验和内部信息，不断地买卖股票，对特斯拉股价的波动影响巨大，结果就是不论员工是否持股，每天只要看几眼大盘，都会发现价格忽上忽下在玩过山车，那么谁还能安心地工作呢？要命的是，特斯拉又是一个极度依赖技术的企业，于是，马斯克才在公开信中说得明明白白：要为公司创造良好的运营环境。

但是这一切需要钱，那么马斯克真的"不差钱"吗？确实有点打肿脸充胖子。按照当时每股420美元的私有化价格推算，特斯拉的市值大概在710亿美元，其中马斯克持有20%，如果真的要推行私有，马斯克至少要筹集到500多亿巨款，因为这还不包括一些债务。不过马斯克不用担心，因为他早就想好了：万一私有化计划夭折，也能把空头拉下水，算是对他们的惩罚和警告。结果如何呢？从马斯克提出私有化到宣布计划终止，两个星期之内，特斯拉的股价从每股370美元跌到320美元。马斯克肉疼吗？疼，但是比他更肉疼的是那些玩空头的老油条们。

对于这一次私有化决定，马斯克的确有妥协，但是他也通过这一着险棋达到了部分目的——争夺资本市场的话语权。或许，这件事的答案在2018年并不明朗，但是从现在来看，马斯克没有被资本市场反噬，他仍然固守住了自己的一亩三分地，成为世界第五大富豪，那一次的"精分"事件让他成为最终的胜者。

时刻"精分"自己，时刻踩躏上一个自己，在外人看来是马斯克出拳毫无章法，可是在内行眼中，这些"迷惑行为"要么是杀伐果断，要么是颠覆排序，要么是暗度陈仓，这就是一个创业高手和跨界达人的内在修养。

ELON MUSK

第二章

成长岁月:
磨砺和探索

出生在安逸与动荡并存的南非

  南非的行政首都比勒陀利亚，拥有着像影片《狮子王》里那般一望无垠的草原，无数生猛的动物满地奔跑，偶尔还能听到古老的荡气回肠的歌谣。生活在这里的人们，享受着自然赐予的潇洒和自由。然而，这种自由仅仅是表面的，就像人类构建的社会秩序，总会潜伏着不平等的潜规则。当时的南非经济虽然发达，却执行着严酷的种族隔离制度，将白种人与黑人划分在不同的行政区域生活和工作。

  1971年，美苏冷战进入白热化阶段，两个超级大国已经不满足在陆地和海洋上称雄，他们纷纷研发试射航天器，想要在太空掀起新一轮军备竞赛。就在这一年的6月28日，埃隆·马斯克降生了。

  马斯克这个姓氏，代表着来自盎格鲁·撒克逊的一个家族，同时也是古代日耳曼人和英格兰人从欧洲迁移到非洲的后代，他们之所以来到异乡，是因为南非是具有创业精神的圣地，这里的人不崇拜巫师和酋长，崇拜的是精英和企业家。想想"孟母三迁"的故事，马斯克家族算是为子孙后代选择了一个有利于成长的环境，让他们在人生方向的选择上有了预设的目标。

不过，马斯克家族的这种开拓精神显现的只是他们家族徽章的正面，而背面的形象就不是那么光鲜夺目了，因为他们带有殖民者的基因：马斯克的曾祖母是第一个从南非踏上北美大陆的女医生，而马斯克的外祖父约书亚，是一个从加拿大闯入南非的冒险家。

在《圣经》中，约书亚是希伯来人的领袖，而马斯克的外祖父也是一个具有传奇色彩的人物，他虽然没有带领族人进入丰富的迦南美地，但是他的足迹几乎遍布整个非洲大陆，还是第一个驾驶单引擎飞机从南非飞到澳大利亚的人。

约书亚拥有健壮的体格，是一个拳击和摔跤高手，他不仅能驾驶飞机，还能驯服野马。有一次，约书亚和一家人去卡拉哈里沙漠寻找传说中的失落之城，结果因为汽车中途抛锚，被成群结队的土狼和豹子包围，后来还有一头

第二章
成长岁月：磨砺和探索

凶猛的狮子向他们逼近，最后被约书亚用一盏灯赶走了。这种传奇的场面，怕是只能在丛林电影中才能看到。

1974年，约书亚在驾驶飞机时遇难，以传奇的方式结束了他的人生。虽然当时的马斯克只有3岁，然而他在童年聆听过不少关于外祖父的传奇故事，这种冒险精神深深地感染了他，他曾经直言不讳："我不想听起来显得例外，但我的家族确实与别人不一样，那就是更愿意冒险。"

飞行、搏斗、探险、无畏……这些似乎都成为印刻在马斯克家族血液中的标签，马斯克日后的创业之路，也充分延续了先辈的人生路径，这不像是巧合，更像是一种宿命。

和约书亚相比，马斯克的祖父瓦尔特则体现了这个家族的另一种特质：暴躁、严苛、寡言。有意思的是，在马斯克身上也继承了相似的特质，这也恰恰从更深的层面反映出马斯克具有旺盛的生命力、一丝不苟的作风和封闭在自我世界的特征。马斯克的祖母对他十分宠爱，她给予马斯克的温柔和感性，在马斯克身上呈现出了艺术家的气质。

马斯克家族的基因，在马斯克父辈这一代时仍然发挥着作用，他们骨子里的强势、随性和暴躁，也毫无遮掩地显露出来。

马斯克的父亲埃罗尔·马斯克是一位机电工程师，在当地是中产阶级，经营着一家建筑工程公司。马斯克的母亲梅耶是一名营养师和兼职模特，她现在的知名度不亚于儿子，很多人撰写了她的传记，因为这个女人在 63 岁时裸体拍摄了一张杂志封面照片，其新闻效应甚至超过了 SpaceX 发射的火箭。

马斯克从父亲身上继承了商业家的思维和胆略，从母亲身上继承了艺术家的狂野和热情，他的人生也由此埋下了产生爆点的基因。

马斯克降生之后，家中又增添了一个弟弟和一个妹妹——金巴尔和托斯卡。因为是长兄，所以马斯克从小就培养了一种责任感，只要父母不在家，就会主动照顾弟弟和妹妹，换尿布对他来说手拿把掐。不过，马斯克的这种责任感似乎并没有过多延续到他的亲子关系上，他对待自己的一大帮孩子远远没有那么多耐心。

说起来，马斯克本人也是不良家庭关系的受害者，因为父母都忙于工作，家人团聚的时间非常少，马斯克的童年基本是和一位女管家共同度过的。当然，女管家给不了马斯克缺失的爱，她存在的意义就是确保马斯克不会因为触电、溺水或者饥饿而死在家里。

第二章
成长岁月：磨砺和探索

在马斯克8岁那年，他的父母离异了，过了几年后，马斯克和金巴尔决定和父亲一起生活，只有周末去母亲那里。

"原生家庭缺失"是现在人喜欢使用的词汇，而马斯克的家庭就是这种类型，这种亲人关爱的缺失让马斯克的性格变得敏感和懦弱，也让马斯克从小就比一般人更害怕孤独。

表面看起来，这种孤独感会让一个人尤其是男人变得缺少阳刚之气，但这不过是一种表象，正因为缺乏安全感，渴望身边有人陪伴，所以马斯克在提出"移居火星"这个计划时，才让人们看到了他的另一面——他构想的不是自己如何如何，而是由他牵头，带着全人类去如何如何。或许，这就是骨子里对孤独感的一种弥补。

即使离开地球，也不能只有我一个人。大概，这才是马斯克的真正心声。

和父亲在一起的生活，成为马斯克人生中最灰暗的经历，当然这不是马斯克公开的评价。在马斯克成功之后，人们很少听到他提及父亲，而且他还断绝了父子关系，这让人们不得不怀疑马斯克在童年时期遭受过父亲的精神虐待和肉体伤害，因为马斯克的父亲是一个作风彪悍的人，曾经枪击过闯入家中的持枪罪犯。

但是,父亲在马斯克的人生中也不是一点回忆都没有。因为博学多才,所以父亲总能回答出马斯克提出的稀奇古怪的问题,所以他把父亲看成是行走的百科全书。

有一次,马斯克和父亲去津巴布韦考察翡翠矿,他们的飞机上装满了讨好海关人员的巧克力,这是父亲传授给儿子的"社会学课程",然而马斯克却认为学习这种拍马屁的勾当无聊透顶。一次,马斯克和金巴尔跟随父亲去建筑工地考察,学习了铺砖、安装管道和电线等知识,极大地增长了见识。虽然两个人成年后都没有接过父亲的班,但是对处于认知成长期的儿童来说,这是难得的开阔眼界和锻炼自我的机会。

随着年龄的增长,马斯克体内潜藏的冒险精神开始萌发。有一年,马斯克和金巴尔骑车去约翰内斯堡,结果谁也没带地图,骑了一段距离就迷路了,然而马斯克不想放弃,最后克服各种困难,终于到达了目的地。或许从当时来看,这不过是一个熊孩子犯浑然后自救的故事,可是从今天来看,这不正是钢铁侠带着小跟班研究拯救世界路径而迷失最后又绝地反击的精彩剧情吗?

父母离异对马斯克的成长造成了负面影响,但是这个意外事件也让马斯克变得独立和富有主见,他虽然害怕孤独,但是也习惯自己做主,不在乎别人怎么去看他。这种特立独行的做派,不仅延续了马斯克家族的性格特征,也成为他日后事业道路上的核心动力。家族的基因造就了马斯克,而马斯克也让他的家族精神名扬四海。

童年、图书、新世界

"我是靠书本长大的。影响我的先是书,然后才是我的父母。"

听了马斯克的这句话,是不是感觉有点心酸呢?的确,这是一个南非版留守儿童的故事,不过其中最值得关注的信息不是亲子关系或者悲催的童年,而是一个书呆子的疯狂世界。

马斯克和同龄人相比,最大的优点就是具有超强的学习能力,然而从表面上看,不少人会觉得他比一般的孩子更加迟钝,为什么会这样呢?因为当马斯克尝试理解新事物的时候,会因此发呆,而别的孩子显得比他反应更"快"。有意思的是,马斯克在思考的时候还会爆发一种"超能力"——听不见任何声音,据说这是一种因为深度思考而自动屏蔽听觉的特殊功能。想想有点可怕，再仔细想想，有点可敬。

如果把你和马斯克的身份对调，让你对着全世界发声，你可能会喊出"明年利润翻番"这样的话，但是让你字正腔圆地说出"移居火星"，怕是没几个人有这种胆量，然而马斯克却具备这种勇气，因为他能够自动屏蔽外界的声音。当一个人锁定了奋斗目标并为此陷入思考，就不太会去关注别人怎么说，而是想自己要怎么做。如今，随着SpaceX载人飞船发射成功，还会有人嘲笑马斯克的"移居火星"计划吗？

马斯克一直认为，只要他处于思考状态，就像是进入了另外一个世界，那种感觉像是白日梦游。当然，这种特质让马斯克和身边的同龄人格格不入，大家要么不愿意理睬他，要么突然对着沉思的他大声吼叫——但也无用，总之没有谁愿意和他交朋友。于是，孤独理所当然地成为马斯克唯一的陪伴。

孤独可以让人消沉，但同样可以让人崛起。孤独能够给予人最大的自由，而自由就是创造力的摇篮。

在孤独的状态下，马斯克选择了一位"沉默的朋友"——书籍。和一般爱读书的孩子相比，马斯克绝对是

第二章
成长岁月：磨砺和探索

骨灰级的书呆子，他每天至少要看十个小时的书，如果赶上周末，他可以一天内看完两本书。即便是和家人出去购物，马斯克也经常"开小差"进入书店，而那里也是唯一能找到他的地方。

疯狂的阅读速度，让马斯克很快就把学校和图书馆的书都看完了，他甚至还请求图书馆工作人员多订几本书。后来，为了满足对获取知识的需求，马斯克开始阅读《大英百科全书》，厚重的分量和庞杂的知识不仅没有劝退他，反而激发了他更浓厚的阅读兴趣。

阅读是一种孤独的行为，能让人远离无聊无趣的人和事，当一个人掌握了丰富的知识之后，就会自动过滤掉身边那些不爱学习、不善思考的人，容易结交到志同道合的朋友。马斯克的阅读能力很强，能够达到过目不忘的地步，但他并非是简单地看，而是将书中记载的知识和信息有目的地吸收。有意思的是，马斯克看的书越多，越觉得自己无知。

当一个人意识到自己无知时，人生就变得有趣起来。

马斯克所谓的无知，是认知领域的知识欠缺，毕竟他还是个小学生，面对浩瀚的宇宙和人类漫长的历史，能够理解的信息自然十分有限。但是在储存知识方面，马斯克却成了像父亲那样的"人形百科全书",他涉猎广泛,不管是文艺作品还是科普读物,他都认真阅读过,当然他最喜欢的是科幻小说。

《银河系漫游指南》是马斯克心中的"圣经",这本书不仅安慰了他孤独年幼的心,还教会了他如何去思考问题。马斯克通过这本书得出一个结论:人类应当拓展意识领域的深度和广度,这样才能更好地提出问题。

随着年龄的增长,马斯克的阅读方向发生了变化,他开始迷恋宗教和哲学类的图书,因为在他看来,人生、世界乃至宇宙的真相有着无穷的吸引力,而他的思维也日渐走向成熟。

除了阅读之外,马斯克最喜欢的就是计算机了。10岁那年,他在约翰内斯堡的一家商场里第一次见到了计算机,立刻对它产生了敬畏之心,因为在他看来,这个方方正正的机器能够让另外的机器甚至是人类去执行命令,简直就是神一样的存在。最后,马斯克终于拥有了他的第一台电脑——Commodore VIC-20 电脑。

由于当时的计算机设计复杂,一般人单是上手操作就要学习半年,然而马斯克只用了 3 天就掌握了操作技巧。更让人意想不到的是,马斯克在 12 岁的时候,制作了一

第二章
成长岁月：磨砺和探索

个名为"宇宙爆炸"的小游戏，还卖给了一家在线杂志，获得了500美元的回报。这件事不仅显露出马斯克的设计才能，更展示出他的商业头脑，他懂得如何把兴趣和经济相结合，这是一个可怕又令人惊叹的潜质。

然而更可怕的事还在后面。

如果你以为马斯克像其他书呆子那样，每天只是躲在书本和计算机后面，那就大错特错了，马斯克是一个极具"毁灭性"的书呆子。当时，他喜欢看一本名叫"伽利略号火箭飞船"的科幻作品，书中讲述的有关登月和航空的故事让马斯克遐想联翩，他马上产生了付诸实践的冲动：在家里的后院弄了一个发射场，然后竖起了自制的炸药和火箭，遗憾的是这次发射未能成功，倒是把堆在院子里的家具炸上了天。

回头看看，这个场景很像是SpaceX的发射三连败，难怪马斯克心理素质强得惊人，因为他在少年时代就磨炼过了。有意思的是，这个低幼版的火箭发射同样未能打消马斯克的积极性，他怂恿几个小伙伴自制火箭和炸药，将它们放在罐子里引爆，还好没有酿成事故。

从这个时期开始，马斯克就对火箭充满了兴趣，他了解了炸药的基本原理，知道了强大的能量可以产生推力。

书呆子能毁灭世界吗？马斯克的故事就是答案。

当然，马斯克可不是一个只会捣乱的熊孩子，他在"毁灭世界"的同时也在探险世界。和别的书呆子不同，马斯克特别喜欢户外冒险，他经常和金巴尔在沙地里举行自行车比赛，有一次甚至差点让弟弟送了命。除此之外，马斯克还喜欢做生意，他会带着几个表兄弟去卖复活节彩蛋，赚了不少零用钱。后来，他又打算开游戏厅，场地的租约都拿到手了，结果因为年龄不够18岁没办法签署文件。

一个知行合一的书呆子，一个爱仰望太空的书呆子，一个懂得炸药制作的书呆子，一个拥有冒险精神和商业头脑的书呆子，你是否好奇他接下来要干什么呢？

中学时代：从被霸凌到绝地反杀

所谓奇才，总有些奇特之处，只不过在普通人的观念里，这种奇特被曲解为一种不够友善的表达，或者更准确地说，奇才和普通人之间缺乏沟通的语言。

马斯克是一个奇才，而且是一个坦诚得过于可怕的奇才。有一次，马斯克在晚上和小伙伴们出去玩耍，忽然有个小伙伴吵吵着怕黑，按理说作为同伴应该安慰人家一下，可马斯克却来了一句"黑暗只是没有光线而已"。话音刚落，那个怕黑的小伙伴就不颤抖了，因为他觉得马斯克的这句话更让人脊背发凉。

如果把这个故事放在今天，估计有人会说马斯克缺少情商。其实这是典型的"中国式的情商"，因为情商不单单指一个人会不会说话、能不能和别人共情，还包括"自我觉知"。而马斯克这句对黑暗的描述，其实就是他的自我觉知，因为他自己也害怕，所以他用自己能理解的方式表达出来，结果吓到了一帮同样害怕黑暗的同龄人。

在合不合群这个问题上，东西方的家长似乎没有多大分别。因为人类是社会动物，家长担心自己的孩子不被群体接受，也是正常现象；但是从孩子的角度出发，就等于把自己的缺点暴露在众人面前任人评判。

马斯克的母亲梅耶知道儿子不合群以后，认为他必须学会和人交朋友，所以每当金巴尔和托斯卡带回一堆性格各异的朋友回家时，梅耶就会让他们带上马斯克一起玩，结果就是马斯克喜提"五星差评"——大家都觉得他很无聊，没人愿意和他玩。

如果说没有朋友只是不合群的初级阶段，那么它的高级阶段就是敌人一大把。

马斯克的中学时代，几乎是在不断地转学中度过的，这让他根本没有时间去结交朋友，也让人没时间去了解他，导致他被越来越多的人当成怪胎，而在青少年的世界里，这种怪胎就是人类公敌，"惩罚"他们是一种正义行为。还有一个原因是，当时的马斯克发育比较迟缓，个子矮小，而那时候南非白人普遍怀有"猛汉情结"，软萌瘦弱的马斯克就成为他们证明自我的最好目标了。

一天下午，马斯克和金巴尔在一段阶梯的顶部吃东西，这时一个男孩儿在他背后攻击他。马斯克被这男孩儿已经不止一次挑衅了，他每次都选择了忍让，然而这一次对方直接放大招，猛踢马斯克的脑袋，然后把他推下了楼梯。马斯克从楼梯顶端滚了下去，然后一群男孩儿冲上来对他拳打脚踢，领头的人还抓住他的脑袋使劲撞击地面。金巴尔来到马斯克身边时，发现哥哥的脸已经肿得像冬瓜，随后马斯克被送到了医院治疗，养了一个星期才回到学校。

这一次的受伤并没有换来霸凌行为的终止，马斯克被这些校园霸凌者足足纠缠了三四年的时间。他们不仅欺辱马斯克，还强迫大家孤立他。有一次，马斯克最好的一个朋友被这帮人围殴，直到他答应不跟马斯克一起玩才被放走。每当回忆这些往事，马斯克总是难以抑制心中的悲伤，

第二章
成长岁月：磨砺和探索

毕竟对他来说，缺失家庭关爱已经是大不幸了，在同龄人之中还要遭受霸凌，让他有那么一瞬间看不到活下去的希望。

霸凌给人带来的创伤是巨大的，对马斯克这种喜欢封闭在自我世界里的人更是如此，因为他没有更多的宣泄渠道，他唯一的朋友只有金巴尔。然而，这段带着血色和灰色的经历，让马斯克的心态也发生了变化，他开始懂得"蓄力"，他不想整天生活在恐惧中，面对欺负他的人，他唯一能做的就是还击。

这听起来有些鸡汤，然而马斯克真的做到了。

在马斯克 15 岁那年，他终于放下手中的书本，开始尝试反击，为此他疯狂地学习空手道、柔道、摔跤等格斗技巧，同时积极参加各种体育锻炼。也许是这种高强度的训练打开了他的任督二脉，马斯克在 16 岁时从弱不禁风的书呆子长到了一米八多的强壮小伙，这给了他不少的自信。

"我要开始还手，他们怎么打我，我就怎么打他们！"

当马斯克在心中喊出这句话以后，他一不做二不休，直接找到学校里最强壮的校霸单挑，结果一拳将对方击倒在地，然而他并没有遭到报复，因为所有的混混都不敢找他的麻烦了。为此,马斯克得出一个结论:"这给我上了一课——如果你不还手,那么校霸就会得寸进尺。你往他们脸上揍一拳,他们就会去寻找其他不会还手的目标。如果你表现得很强硬,并且进行了反击,他们可能会把你揍得很惨,但是以后就不会来找你麻烦了。"

遭受霸凌是马斯克少年时代的炼狱事件,但也是他涅槃重生的转折点,他没有被暴力行为毁灭,反而依靠自己改变了命运。从这一刻开始,马斯克血液中流淌的基因被唤醒了,外祖父约书亚放荡不羁和狂野强悍的性格特征,在他的身上显现了出来。

把人生的苦难当成是成长的礼物,这的确很鸡汤。不过对马斯克来说,如果没有这些霸凌者的欺辱,他很可能会长久地停留在舒适区里,每天看看书玩玩电脑;他也会不断学习知识,也会进行探险,但是他骨子里冒险家的特性会继续昏睡。而在外力的作用下,家族的基因被唤醒了,他心中燃烧起熊熊烈火,这股烈火不仅让他保护了自己,也让他迸发出一股狼性。

或许,这就是天降大任者的宿命。

第二章
成长岁月：磨砺和探索

大学的抉择，哪一所才是容身之地

个人的选择，总是要屈从于历史的大势。当你费尽心机制订了未来的计划时，一个来自外部世界的小小变动，都可能让你的计划被全盘推翻。不过，这不能简单地理解为命运的不可控，恰恰相反，历史的变革会在某种程度上指导人们改变命运。

1988年，马斯克的人生被世界历史改变了，而他做出了正确的选择。

当时的南非掀起了独立运动的热潮，因为南非和其他非洲国家一样，数百年来遭受欧洲殖民者的侵占和掠夺，尤其是在南非的金矿和钻石矿被发现之后，更是成为资本主义世界争夺的焦点。在英国的控制下，南非的通用语言变成了英语，白人成了上等人，这种阶级和种族矛盾随着第二次世界大战的结束进一步强化。

20世纪80年代，随着非洲其他殖民地反抗宗主国的成功，南非的种族隔离制度也成为人民革命的对象，然而南非政府却使用暴力手段镇压民主运动，直接导致了经济环境的恶化。于是，曾经被视为冒险家和企业家乐园的南非，开始变得动荡不安，不少白人上层阶级变卖家产，开始了逃离非洲的计划，马斯克一家也在其中。

其实，马斯克对生养他的南非并没有寄予太多的感情，因为他最向往的国度是远隔大洋的美利坚。在童年时期，马斯克就十分羡慕美国家庭的教育方式，他甚至建议父亲效仿他们的自由主义精神，因为那和喜欢天马行空思考的马斯克十分匹配。不过，马斯克向往的美国却并不怎么欢迎来自异邦的移民者。为此，马斯克采用了曲线救国的策略，因为当时加拿大允许子女继承父母的国籍，而马斯克的母亲拥有加拿大国籍，这让他如愿以偿地拿到了前往加拿大的护照。

1988年，马斯克离开了他生活了17年的南非，只身前往加拿大的蒙特利尔。有些讽刺的是，在马斯克离开南非不久，南非的民主独立运动走向尾声。1994年，曼德拉当选南非总统之后，提出了种族融合的建议，并且没有向白人复仇，南非的社会秩序终于回归正轨。不过，此时的马斯克已经在大洋彼岸的美利坚合众国扎下了根。

马斯克来到蒙特利尔之后，首先面对的问题不是如何去美国发展，而是如何活下来，因为他身上的钱所剩不多，这个富家子弟第一次品尝到了挨饿的滋味。境遇的转变，让马斯克彻底地走出了舒适区，他开始明白"奋斗"对人

第二章
成长岁月：磨砺和探索

生的意义所在——它不仅是让你仰望头顶的星空，更是逼着你往口袋里填满果腹的面包。

一个中产阶级的书呆子，基本上没有什么社会生存能力，即便马斯克有经商头脑，可那是建立在有本钱的基础上，如今兜里一文不名，再精明的脑袋也发挥不了作用。在饥饿的威胁下，马斯克这个社交恐惧症患者，硬着头皮去找许久没有联络的舅舅，可他根本就不知道舅舅住在哪里，后来，马斯克和母亲取得了联系，得知舅舅早就搬到了美国的明尼苏达州。

此时的马斯克真正变得孤立无援了，他住不起普通的旅馆，只能去最便宜的青年旅馆暂时安身。为了养活自己，马斯克尝试联系加拿大的各路亲戚，却发现他们像蒲公英一样散落在各个角落，马斯克马上购买了一张全国通用的车票，像是一个流浪儿四处寻找援助。终于，马斯克找到了一个远房表兄，不过表兄似乎不怎么欢迎他，就像是对待一个乞讨者那样给了他一点食物而已。从出生至今，马斯克还没有遭受过这种待遇，可是他没有爆发出中产阶级后代的脾气，因为他的尊严和理想都被饥饿掩盖了。

这段经历让马斯克意识到，在生存面前，尊严和理想是不值一提的，这是极其糟糕的体验，几乎打碎了这个活在幻想世界的书呆子的梦,不过也正因为如此,马斯克才下定决心,要想让自己成为一个纯粹的理想主义者,首先要搞定肚子。

为了填饱肠胃,没干过粗活的马斯克来到表兄家的农场帮忙,日常工作是清洁菜地和照料农作物,虽然听上去不是很体面,可好歹不算太劳累。然而接下来的工作真的打击到了他——做锅炉清洁。在农场里没有什么活以后,马斯克不得不去干这种又脏又累的重体力劳动,每天都穿着厚重的防护服,像一个随时都会趴下的煤气罐,手里拿着沉重生锈的铲子,清理锅炉中的煤渣,一不小心就可能摔到狭窄的通道下面。这还不是最惨的,最惨的是如果在原地停留超过半个小时,就可能会热得无法承受。更具有讽刺意味的是,这么劳累且危险的工作,每个小时的报酬只有18美元。

或许有人认为,公子哥儿出身的马斯克不可能在这个岗位上持续多久,然而事实却是,马斯克体内的冒险家基因再度活跃起来,他暂时忘掉了微薄的报酬和高危的风险,而是把它当成一项挑战自我的工作,结果马斯克成为试用期过后留下的五个工人之一。

真正的成功者,不是只能在自己擅长的领域崭露头角,而是能够挑战一切不可能，因为这和能力无关，和意志、信念、抗性以及耐力有关，而这些才是促使人走向卓越的关键，马斯克在一堆煤渣面前成功证明了他拥有这些特质。

少得可怜的收入，让马斯克过着食不果腹的日子，他甚至不能每顿饭都吃正经粮食，有时候只能买烂掉的橘子充饥。后来他回忆说，这段穷困的生活让他终生难忘。回头想想，如果没有体验过人生的疾苦，那么 SpaceX 的第一次发射失败很可能就劝退了马斯克，因为生活太优越的人往往扛不住重大挫折。

对马斯克来说，他就像是一个现代鲁滨孙，因为意外而流落到北美大陆。在这里，他没有靠山，也不懂得基本的生存技能，每做一件事都是从零开始。他甚至连主角光环都没有，因为父亲得知他的窘况后根本没给他寄钱，只是冷冰冰地让他回南非。然而马斯克拒绝了，他此时只想着一件事——去美国深造。

移民：寻找北美大陆的梦之国

凭着顽强的生存意志以及对梦想的执念，马斯克终于度过了最艰难的一段时期，他在加拿大的生活逐渐稳定下来。随后，他申请了加拿大的安大略皇后大学并顺利地通过了考试。

安大略皇后大学是加拿大的老牌学府，该校的艺术、法学、生物学和医学等专业都非常出色，但马斯克看中的是它的工程专业。在进入安大略皇后大学之前，马斯克曾经在比勒陀利亚大学学习过工程学和物理学，不过没念几个月就辍学了，对此马斯克给出的解释是：他只是为了打发时间，因为要等待加拿大的签证。

事实真的如此吗？

对于求知若渴的人来说，他是不会放弃每一个学习机会的。但是当时的比勒陀利亚大学受国内动荡环境的影响，专心做学术的人并不多。这就导致校内的学习氛围很差，马斯克在这里找不到他想要的东西，这也从客观上坚定了他去北美求学的信念。

学习和深造，是每个以知识为工具的人首选的路径，但它本身是一把双刃剑，能够让你拥有认识世界和改造世界的能力，也能用标准化的教育打磨你的个性。如果你是一个满足现状的平庸者，那么被打磨也无所谓；可如果你想改变世界，就不能失去自己的标签。

进入安大略皇后大学以后，马斯克的状态变得和中学

第二章
成长岁月：磨砺和探索

时代不同了，因为大学的学习任务要少很多，压力的减少让马斯克有更多的时间去研究他感兴趣的太空探索。更重要的是，马斯克在大学里结识了一批志同道合的朋友，他们喜欢听他的独到见解并能做出积极回应，让马斯克在青少年时被践踏的自尊得到了修复。

当一个人重获自尊以后，他的表现欲望会更加强烈。此时的马斯克开始融入人群中，经常参加各种演讲比赛，锻炼并展示出他的口才。不过，同学们也发现，这个看起来性格不张扬的傻大个是一个好胜心极强的人，拥有一种近乎疯狂的必胜心态，让人尊敬又让人恐惧。

1992年，马斯克转学到了宾夕法尼亚大学的沃顿商学院学习经济学。沃顿商学院是世界著名的商学院之一，也是美国第一所大学商学院，涉及金融、全球战略、保险、不动产等多个科目，旨在培养学生的领导力、创新力以及实干家精神，大名鼎鼎的沃伦·巴菲特、彼得·林奇、唐纳德·特朗普等商业奇才都毕业于这所高等学府。

马斯克选择沃顿商学院，是因为他需要迈向新人生的阶梯，这也是他去感受美国式教育的重要一步。马斯克的个性，让他天然适合在相对自由的世界里披荆斩棘，而沃顿商学院就是他梦想开始的地方。

如果说在安大略皇后大学马斯克开始融入人群，那么在沃顿商学院，马斯克则彻底和青少年时期的那个内向男孩划清了界限。环境的变化对一个人的性格改变有重要作用，因为人始终是"情境动物"。美国式教育的融合性和开放性让马斯克走出了自我封闭的空间，他开始掌握了一些社交技能，他的谈吐、思维和理念有了更多的支持者，大家经常会围在一起讨论一个问题，彼此非常开心。随着马斯克频繁出入校园内的一些社交场合，他的朋友圈也扩大了，其中一些人成为他日后的合作伙伴。

为了赚钱积攒资本，马斯克的商业头脑又一次转动起来，他和好友罗西在校外租了一间带有 10 个房间的大公寓，他们利用这些多余的空间搞起了出租生意——提供举办聚会的场地。在广告打出以后，来公寓开派对的学生络绎不绝，每个人只要交 5 美元就能在这里享用啤酒、果冻酒和其他酒水，因此每次出租都能招来 500 个客人。

虽然有了额外收入，马斯克却没有荒废学业。他在校期间的成绩一直不错，多次获得奖学金，这些钱帮助他顺利地毕了业。与此同时，马斯克也在思考日后的人生：他到底要做什么？

最初，马斯克想到少年时代制作的"发射火箭"实验，

第二章
成长岁月：磨砺和探索

觉得可以去做视频游戏，可是这个念头很快被自己否定了，因为他觉得这个目标实在太小，就算火遍全世界又能如何呢？那不过是一个游戏而已，根本不会改变人类的生活现状，说不定还会让人们沉迷于虚拟世界。经过一段时间的筛选，马斯克将奋斗的目标锁定在了太空、互联网和清洁能源三个领域。

为什么是这三个领域？因为在马斯克看来，这些都和人类的未来发展有着深刻联系，而且他从少年时代开始就产生了这种想法，只是对旁人来说这些都是古怪而疯狂的念头。不过，马斯克开启了他的"耳聋"技能，他并不在意别人怎么说，恰恰相反，越是多数人不理解，越能证明这是一条拓荒之路。

带着对理想的追索和对现实的思考，马斯克撰写了一篇有关太阳能重要性的论文，谈到了材料改进和大型太阳能发电站的建设等内容，还深入研究了太阳能电池的工作原理以及各个部分的有效利用，甚至为人类描述了能源站的未来：他画了两个巨大的太阳能电池板悬浮在太空，每个足有四千米长，它们借由微波不断地向地球发射能量，而地球上接收能量的天线直径长达七千米。

如果是在加拿大或者南非，马斯克的这篇论文很可能会被认定为胡思乱想甚至有意捣乱，但是美国式的自由教育理念让这篇论文获得了 98 分的五星好评。马斯克意识到，选择在美国深造是正确的。

1994 年，马斯克荣获经济学学士学位，他没有就此满足，而是继续攻读了物理学学位。和经济学相比，物理学更让马斯克着迷，因为经济学代表的是社会的经济形态，而物理学代表着社会的物理形态，显然后者更具有颠覆性。正是这段求学经历，让马斯克在进军太空、电动汽车和太阳能三个领域时，有了深厚的理论基础。

1995 年，马斯克离开沃顿商学院，进入斯坦福大学攻读材料科学和应用物理博士课程。这对于他来说又是一个新起点，可谁也没有想到，在入学后的第二天，马斯克竟然辍学了。

不到两天的时间，究竟发生了什么？

原来，马斯克来到斯坦福以后，发现很多学生都非常喜欢互联网，而且每个人都有一门技能，他们都幻想着成为第二个比尔·盖茨，这些年轻人敢想也敢干，他们创办了很多新公司，其中就有谢尔盖·布林和拉里·佩奇的谷歌。身处硅谷这个互联网技术前端的摇篮，马斯克再一次被环境左右了认识。他忽然意识到"学无止境"的可怕之处：为了学习知识，他恐怕要念一辈子的书，而若干个学位头衔对他真的有实际意义吗？为什么要把宝贵的时间都耗费在学习上呢？

经过一天多的思考，马斯克打定了主意：他要放手去做具体的事。而这些事需要钱，作为学生的他无法获得足够的资金，唯一的办法就是进入社会去掘金。

很多人认为，马斯克的辍学是一个脑残的决定，毕竟斯坦福是美国著名的高等学校，这种盲目致敬盖茨的行为实在太过"中二"。但是马斯克却认为，传统的人才培养方式和大工厂的流水线作业没什么区别，哪怕是斯坦福，哪怕是沃顿商学院，他不能再被这样固定的模式培养，因为他要保护自己思维独特的大脑。

美国式的自由，终于反噬了美国式的教育。

ELON MUSK

第三章

初入社会：
学习与进化

毕业新方向——拥抱前端科技

　　自由，会给人无尽的想象，也会给人无尽的勇气，甚至会成为一种信仰。硅谷，就是用科技来诠释自由主义的极客家园，在这里工作的人，追求的是在自由主义精神下的黑科技进化，他们并不十分在意金钱，更不在意权力，在意的是能否用技术改变世界，而改变世界的钥匙就是打破常规的创业思维。

　　这就是硅谷精神，也是马斯克所崇尚的信念。

　　1994年，马斯克和金巴尔进行了一次横跨美国的旅行。在这次旅行中，兄弟俩一边享受着所到之处的奇异风光，一边思考着未来的创业方向。很快，兄弟俩瞄准了互联网，让这次旅行变成了一次流动的头脑风暴会议。经过商量，马斯克和金巴尔想要为医生打造一个信息交换和相互协作的网络系统，他们认为医生这个行业正在被现代文明改变，为此金巴尔还撰写了一份商业计划书，不过他们很快对这个项目失去了兴趣。

进入暑期以后，马斯克到硅谷找了几份实习生工作，这是他人生的又一次转折点。

白天，马斯克会去一家当时被媒体热炒的创业公司实习，该公司号称正在研制超级电容器，能够为电动车提供强大的动力来源，这和马斯克的创业理想不谋而合。马斯克幻想着将《星球大战》中的激光武器变为现实，而这些武器的奇妙之处就在于拥有超级电容器，这让他如痴如醉。

晚上，马斯克会去一家火箭科学游戏公司打工，这也是一家创业公司，业务方向是开发世界最先进的视频游戏，用先进的光盘代替传统的卡带而保存更多的游戏信息，虽然马斯克很喜欢这个项目，但是分配给他的工作却是非常无聊的基础代码编写，不过马斯克却通过这项工作自学成才，实现了游戏手柄和计算机游戏的联动。

虽然同时做多个兼职，但马斯克顶住重重压力完成了，他旺盛的精力引起了很多人的羡慕。对马斯克来说，硅谷就是他思想跳舞的活动室，只有在这里，他才能找到快节奏、高负荷、新潮流的创造性工作，而且他发现，每个人

第三章
初入社会：学习与进化

都能有用武之地，这里就是追梦人的栖居地。

两年的时间过去了，每个夏天马斯克都会在硅谷打工，他甚至决定永久定居下来并劝说金巴尔也搬到硅谷。与此同时，马斯克开始思考未来的创业方向，很快，做网络分类推销成了他的目标，有意思的是，这个项目的灵感源于一个笨嘴拙舌的黄页推销员。当时，这个推销员向马斯克所在的公司推销网络黄页的好处，结果没有抓住重点，也没有引起大家的兴趣，却触动了马斯克的心思，他把这个想法告诉了金巴尔，两人很快着手建立一个名叫"Global Link"的信息网站。

"Global Link"的主要业务是做传统媒体的电子化业务，同时还和国内其他地方的商家和网络媒体合作，帮助它们的产品互联网化，比如将报纸杂志电子化。因为马斯克在沃顿商学院期间，曾经为一个从事电子书扫描服务的公司写过商业策划案，所以他的首个创业目标就瞄准了电子书扫描。后来，他把"Global Link"改名为"Zip2"。

1995年，了解互联网的人并不多，很多企业根本不知道怎么推荐自己，所以想要说服它们购买相关的服务是难上加难。

科技改变社会，但这个改变是有着试探成本的。打个比方，某个糕点店推出一款新食品，虽然老板声称味道好吃，但是外形却看着像块砖头没人敢吃，那么老板只能将糕点切成一小块一小块地送给顾客品尝，这就是试探成本，它考验的是社会大众对新生事物的接受和消化能力。自然，在新领域中先走一步的人就要承担这个成本，跟风而动的人虽然可以减少甚至避免这些成本，但也丧失了最佳的机会，所以能否有信心地坚持下去，对创业者来说非常重要。

Zip2的诞生，让马斯克交付了大量的试探成本，本来当时他就没有多少积蓄，加上账面上收支严重不平衡，导致Zip2的财政状况十分紧张，公司的办公场所也是一间租来的破房子，马斯克忙完了就直接睡在这里。这并不是最糟糕的，最糟糕的是根本没有客户。为了拉到客户，马斯克劝说一些饭店把它们的业务信息发布在网络上，然后由Zip2给它们建造一个能够检索的目录和地图，让大家知道这个饭店的位置在哪里。

这个看似很简单的功能，在今天的各种电子地图上都属于小菜一碟的基础功能，可在二十多年前，这绝对是一个远远领先时代的创举，仅从这一点来看，马斯克的视野和胆略超出了同时代的大多数人。

有意思的是，科技的进步，从表面上看是在让人类的

第三章
初入社会：学习与进化

生活变得更加智能化；但是从另一个方面看，也在让人逐渐"退化"。以 Zip2 为例，它的确为用户提供了大数据信息，但是这种大数据不是源自人们的主观体验，而是来自他人的数据采集，虽然让人们足不出户就能了解世界，但也让人们丧失了主动探索的乐趣。看看今天那些开放世界的3A游戏[①]，都会让玩家通过探索才呈现出完整的地图，因为这样的游戏才有乐趣，那么人生何尝不是如此呢？

只可惜，大多数人被高科技绑架之后，极少会反思得到背后的失去，因为他们确实体验到了什么叫便捷，毕竟在节约时间成本这一块上，人们都能看得见，也感受得到。如今，各种卫星电子地图遍布智能终端，人们只要搜索就能找到自己想去的地方，却忽视了那些对他们来说很陌生却有可能喜欢的地方，电子地图就这样让生活变得功利化。

不管怎样，Zip2 从社会发展的角度仍然代表着进步，当然先进的理念要付出超前的代价，因为当时大多数人不理解甚至觉得不可思议，所以肯为这项技术和服务买单的人屈指可数，马斯克穷到连单独购买带宽的钱都没有，只能厚着脸皮和一家互联网服务供应商谈判，可怜兮兮地扯

---

① 开发成本高，开发周期长，消耗资源多的游戏。

出一条网线接入 Zip2，节约一些费用。除了控制运营成本之外，马斯克也努力控制人力成本，他没有雇用多余的程序员，而是靠着自己写完了后台需要的全部原始代码，让金巴尔负责推销业务。终于，兄弟俩以极低的价格拿到了一个企业数据库的访问许可证，让 Zip2 拥有了一批数量可观的企业名称和地址。

仅有数据库是不够的，马斯克又联系了一家综合电子地图信息供应商，双方达成协议，马斯克免费从对方手中获得了技术，构建了一个初具规模的原始信息系统。

创业的过程总是充满艰辛，它可能让一个潇洒的人变得疲惫不堪，可能让一个冷静的人变得歇斯底里，更可能让一个自信的人变得怀疑人生。但是，只有那些不改初心的人，才会越挫越勇，这不是无脑的鸡汤，而是拥有坚信自己确实站在时代前端的魄力，只有具备了这种魄力，人才能打破重重焦虑，在风口飞起。

创业之殇：如何让 Zip2 打响第一枪

在美国，"兄弟会"是一个让人又爱又恨的存在。它们遍布各大高校，虽然总人数不少，却会搞一些小团体活

第三章
初入社会：学习与进化

动，而且充满神秘色彩。兄弟会里走出过犯罪分子，也诞生过风云人物。如果说大学是进入社会前的小社会，那么兄弟会就是小社会中的小社会，它呈现了人类社会的状态：抱团、同化、对抗和分裂。

通常，兄弟会有两种：一种是"Social"（社会的），以社交为根基的，大家在一起吃喝玩乐游戏人生；一种是"Professional"（专业的），以学习为目的，只有学霸才有资格加入，学渣靠边。那么，在走出校园之后，兄弟会就随之解散了吗？没有，它不过演化成了另外一种形式。

马斯克的团队，就是一个以人类终极理想为目的、以商业为手段的"第三类兄弟会"。这一切，要从 Zip2 走上正轨说起。

随着需要录入的企业数量增多，马斯克的客户增加了，但同时对 Zip2 的要求也提高了：它必须不断丰富原始数据，才能覆盖到主要城市以外的地方。另外，能否让用户在家里使用电脑时顺利操作也关系到公司的口碑，但是这意味着需要更多的资金投入。

就在马斯克焦头烂额之际，一向对他不冷不热的父亲拿出了 28000 美元，帮助儿子度过了最难熬的阶段，不过这笔钱也很快就花光了。此时的马斯克总算体会到了什么

075

叫穷困潦倒，他和弟弟的衣物只能塞在一个小柜子里，吃的是廉价快餐，金巴尔已经能够熟练背出快餐店菜单上的所有菜品。与此同时，公司的办公设备不断增加，让原本就狭小不堪的办公室物满为患。马斯克不得已又租了一套两居室的公寓，却买不起床，最后把两个床垫扔在地上对付。用员工的话讲，马斯克就像狗一样睡在办公桌旁边的睡袋里，每天谁先到公司就把他踢醒起来干活。

创业者可以忍受恶劣的环境，但是打工的却忍不了，只要有人来应聘，一看到如此寒酸艰苦的"办公室"就掉头走了，最后马斯克钻了信息不对称的空子生拉硬拽了一个韩国工程师当实习生。这个实习生相当惨，他出门开的是马斯克的破烂宝马，它的状况是开着开着就会掉出一个轮胎。

创业的艰辛吓不倒马斯克，他担心的是这种艰辛不知道什么时候结束，哪怕给他一个期限，他也能无条件忍受。随着业务的开展，马斯克渐渐发现，尽管 Zip2 的定位是互联网公司，但是在互联网并没有普及的前提下，单纯依靠网络是远远不够的，还是需要结合传统的推销手段，这就意味着马斯克需要一支销售队伍。

马斯克开始大规模招聘销售人员，不过这些新兵对互联网完全是外行，所幸其中一位老销售员海尔曼能带得起队伍，帮助公司拉来了一些业绩。后来，海尔曼壮着胆子去了像斯坦福购物中心这样的高档地区，结果转了一圈以后被赶走了，因为大多数公司认为互联网就是白痴一样的存在。即便在这种恶劣的环境下，马斯克还是赚到了几百美元，他和客户经常说的话是"明天的网速会更快一点"。

做时代的弄潮儿，听起来很潇洒，可放在现实中往往会被当成疯子，但也正是因为他们发疯了，才有资格带着别人一块疯，凝聚成为走在时代前列的"团魂"。

马斯克主动地想要成为这个"团魂"，他认定自己开发的就是优秀的产品，没理由卖不出去，所以他专门制作了一个小箱子，把写入软件的软盘和光盘都放进去，只要面对客户就潇洒地打开。第一次，或许有人把他当成傻子，第二次，或许有人把他当成传销头子，可是到了第三次、第四次，人们确实记住了马斯克这个名字，到了第五次、第六次，不少人就对 Zip2 产生了兴趣。

终于，一个来自加拿大的商人科里看到了 Zip2 的前景，在 1996 年成为马斯克的新合作伙伴，虽然这个人不懂互联网，但是他在其他领域经验丰富，能够使马斯克的团队少走弯路，最后逐渐从联合创始人变成了创业导师，而一向独断专行的马斯克，竟然在科里面前变成了乖乖仔。

1996年对马斯克来说是命运发生转机的一年，一个风投公司看中了Zip2，这让马斯克获得了300万美元的投资，随后马斯克把公司迁到了帕洛阿尔托剑桥路上，总算改善了工作环境，同时开始招募有能力的工程师。在商业策略上，马斯克将业务范围扩大到整个美国，在营销策略上则增加了通过报业公司推广的路子，让更多的人知道了Zip2的业务有多么厉害。

马斯克成为首席技术官，理查·索尔金出任CEO，他是一个非常了解互联网投资项目的老手。与此同时，公司招募了一批优秀的工程师，能力强到让马斯克羡慕嫉妒恨，他们只看了一眼Zip2的代码就决定重写，虽然这让马斯克很没面子，然而这些工程师的修改速度快如闪电，他们把软件项目合理划分成不同的模块然后进行细化，让Zip2的产品质量有了巨大提升。

马斯克深知团队文化的重要性，为此他组织员工骑行穿越萨拉托加峡谷，结果在上山之后呕吐不止，但是他宁可承受这种痛苦也不想掉队。在马斯克看来，登上山顶和追求产品的极致同等重要，因为这代表着一个人能否坚定攀登高峰的决心。除了登山，马斯克还会动员团队参加第

第三章
初入社会：学习与进化

一人称电脑射击游戏比赛。无论是现实世界的争锋还是虚拟游戏的竞赛，马斯克都力求封王，尽情释放着骨子里流淌的好胜基因。

如果你想做一个普通的成功者，那么你有优质的产品就足够了。如果你想做一个顶尖的成功者，那么你不仅要有优质的产品，更要有一支优秀的团队。对马斯克来说，他的团队中有他和弟弟一样的技术导师，又有像科里这样的创业导师，而团队中的工程师们，就是撑起这座大厦的坚固地基。

当马斯克踌躇满志地筹划着公司的未来时，互联网泡沫时代来临了，很多网络创业公司都迎来一个利好的时代，不过马斯克并不在乎能赚到多少钱，他更享受创业的乐趣。和学生时代相比，走上创业之路的马斯克能够将想法利用他掌握的知识和经验去转化为财富，每一个灵感的诞生都意味着让 Zip2 趋于完美。

从走几步就摔倒到撒开腿疯跑，Zip2 进入了稳定运营时期，马斯克的客户资源也丰富起来，甚至连《纽约时代》这样的大媒体也成了 Zip2 的固定客户之一。到了 1998 年，马斯克和 Zip2 已经成为圈内小有名气的创业者和企业，大家都认为电子业务领域诞生了一匹黑马，当然也有人认为这不过是昙花一现，然而马斯克接下来的举动，结结实实打了这些人的脸。

X.com 诞生：踩着前一个创业果实登高

在这个世界上，总有一些亦真亦假的传说，共济会就是其中一个，甚至有些人把它的存在理解为主宰全球、人类秩序的层面。

显然，人们热衷去谈论它，主要是因为人们想要把一些匪夷所思的事情归结为某种神秘力量的操纵，幻想有一种凌驾于社会秩序之外的超级力量，然而从历史唯物主义的角度看这是错误的，社会发展中的某些偶然性其实仍是由必然性决定的，绝非能解释为一个小团体的意志操纵。

人类发展到今天所取得的成就，不可能是在某个组织的单一驱动下完成的，而是依靠更有智慧、更符合社会发展规律的力量，包括民众的力量，也包括精英的力量，而马斯克就是精英的代表，他驱动人类社会发生变化的工具，就是X.com。

1999年，康柏公司的Alta Vista部门以3.07亿美元的现金和3400万股票的价格完成了对Zip2的收购。马斯克

第三章
初入社会：学习与进化

作为股东和经营者，获得了 2200 万美元的个人收入，一跃成为千万富翁。

为何要将苦心经营的 Zip2 卖掉呢？其实，这并非是马斯克急于变现，而是他意识到 Zip2 自身的价值正在被高速发展的互联网所稀释，和它相类似的很多初创公司的价值都被严重高估，这一波泡沫经济迟早都会反噬它，所以及时出手是明智选择，而且对他来说，Zip2 已经起到了练手的作用。

此时的马斯克不再是那个蜷缩一团睡在地板上的打工老板，而是口袋塞满钞票的成功商人，他在洛杉矶购买了一套 1800 平方英尺的公寓并装修改造，另外还购买了价值百万美元的迈凯伦 F1 跑车以及一架私人飞机。当然，这些个人消费不过是马斯克稍微享受一下生活的体现，他的大部分收入并没有被无端挥霍，而是被整合起来，因为这时候他正在观察社会的发展动向，他想要站在一个比 Zip2 价值更高的层面去改变世界。

那么，什么东西能够最直接地改变世界的运行秩序呢？答案是金融。

早在打工期间，马斯克就产生了一个创业想法：开设一家网络银行。之所以有这个想法，是因为马斯克认为，金融业将在互联网的冲击下转型，然而当时很多人却无法理解这个观点，他们认为网络的不安全性和不稳定性会大大限制它的发展，银行就是银行，现金支付就是现金支付，不会诞生颠覆性的东西。然而在今天来看，这些人"笃定"的判断基本上都错了。

马斯克是那个时代少有的相信互联网能改变世界的人，这已经超出了创意的范畴，而是在认识世界甚至是寻找真理。虽然在当时来看，互联网金融是遥不可及的梦，然而马斯克已经在筹划构建这座梦中的大厦的每一个细节，比如互联网金融的安全性，他认为要想实现这个目的就要建立一整套系统的网络金融服务体系，这是未来的趋势。

显然，X.com 在构想阶段就比 Zip2 在初创阶段要困难 100 倍，因为它远远超出了当时大多数人的理解范畴，要想推动它自然要花费更多的精力。因为存在障碍，所以马斯克才下定决心去做，毕竟跳出舒适区的挑战才是真的高手进阶。

1999 年 3 月，马斯克成立了 X.com 公司。

马斯克认为 X.com 是一个价值几十亿美元的富矿，所以他一掷千金投入了 1200 万美元，纳完税以后手头只剩下400万美元。当时很多人认为，这是一招臭棋，因为马斯克完全可以把钱留起来，然后借助Zip2的名声去寻找风投，这样才进可攻退可守。可马斯克却坚信X.com会成功，而且他的失败体验瘾强迫自己接受"杀身成仁"的最糟糕结局。

超越时代的创业项目，自然需要超越常人的创业团队。马斯克为X.com招募了一个堪称"梦之队"阵容的团队，里面有来自硅图公司（美国高性能计算、数据管理和虚拟化产品的制造商）的工程师，有来自加拿大的金融高手，也有获得罗德奖学金的学霸，最后形成了以荷艾迪、佛里克、佩恩和马斯克四个人为核心的团队，他们也成为X.com的联合创始人。

马斯克等人对银行业进行了考察和论证，他们认为在互联网时代，让业务员出去跑业务效率低得可怜，他们要做的就是打破这种常规。为此，马斯克发挥书呆子的绝学，开始恶补有关银行业的知识，从金融的基本原理到银行的运作机制无一不包。而且，一向急躁的他此时竟然静若处子，和三个创始人花费半年的时间进行论证而不急于实操。当然，有讨论就会有争执，最后矛盾升级为佛里克和马斯克之间的对抗。

原来，佛里克打算用传统的方法管理 X.com，以此来发挥他在传统金融领域的优势，而马斯克认为银行系统必须被彻底推翻。改良派遇到了革命派，双方互不相让。最后，佛里克带着一批人离开，但马斯克很快就接受了现实，毕竟留下来的人都听他的了。

乐观归乐观，此时 X.com 面临着人才缺失和资金周转不利的窘况，马斯克不得不去联系风险投资公司，然而刚刚经历的内部震荡让人们不看好 X.com 的发展前景。面临绝境的马斯克风尘仆仆地去硅谷招募人才，用出色的演讲拉来了一大批热血澎湃的工程师。人气上来以后，风投大师们也改变了态度，马斯克不仅拿到了银行牌照和共同基金许可证，还和巴克莱银行建立了战略合作关系。

1999 年 11 月，X.com 创立了全球第一家网上银行，有三个共同基金可供投资人选择，而且联邦存款保险也为银行账户进行担保。感恩节前夜，X.com 正式向公众开放。事实上，X.com 提出的理念十分先进，只要用户注册就能得到 20 美元的现金卡，如果将 X.com 推荐给其他人还能得到 10 美元的优惠卡。为了扩大用户群体，马斯克取消了手续费，推出一款个人支付系统，用户通过电子邮箱地址就可以转账，这无疑是一个大胆的尝试。

和 Zip2 的最大不同在于，X.com 是从认知层面掀起了一场革命，而马斯克要挑战的不是比萨店的电子地图，而是事关经济命脉的整个金融系统。马斯克自信地认为，那些银行家和金融人士并没有意识到互联网将给他们带来什么，只有他才能拯救他们。另外，从多处细节可以看出，X.com 从诞生的那一刻起就自带革命属性，它在颠覆人类的购物模式和消费理念，但这对马斯克的终极商业理想来说只是一个开始。

X.com 堪称网络支付的鼻祖，如今人们对此习以为常，可 20 年前它在初创时就遭受到传统金融概念的绞杀，它要改变的不仅仅是人的思想，更要砸碎原有的基础架构，这无异于向传统的金融业下了一封战书，而马斯克就是那个大胆的挑战者。

PayPal 的双赢：从打工老板到成功商人

如果用天才去定义马斯克，等于忽略了他高于同时代大多数人的视野，因为和天才相比，马斯克的最大不同并非是掌握了某种过人的技能，而是他洞悉了人类社会发展的底层规律，这个规律深埋在我们可见、可理解的表象之下，所以很难得到一般人的共鸣。那些追随马斯克的人可称得上是天才，但他们更多是被马斯克的精神信念和人格魅力所感染，并没有站在和他同等的高度上。

从这个意义上讲，马斯克担得起"先驱"这个称号，当然这个称号也让他承受着开拓前行的巨大压力，因为一旦他失败了，败的不是他自己，而是他整个理念的崩塌。不过，这也正是马斯克创业的最大乐趣所在。

X.com 成立几个月以后，注册用户逐渐增多，达到了20万人，可就在这时一个强有力的竞争对手出现了——一家名为 Confinity 的公司。

也许是上帝嫌弃人类社会的变革速度太慢，就安排了三个具有相同视角的人挤在同一个时代，另外两个人就是 Confinity 的创始人彼得·泰尔和马克斯·拉夫琴。

马克斯·拉夫琴是乌克兰人，和马斯克一样都是从家乡远赴美国的寻梦者。拉夫琴长期生活在美国底层社会，凭着一台二手电脑学会了编程，而他并非一个只会埋头钻研技术的极客，他在中学时代就创办过三家投资公司，随后来到硅谷继续寻梦，偶遇国际象棋名宿彼得·泰尔之后，两个人共同创业建立了 Confinity。这对搭档堪称高智商组合，他们从 X.com 那里租到了一个载物间，然后开启了

第三章
初入社会：学习与进化

利用掌上电脑的红外线端口进行支付的业务，即红外线移动支付。起初，马斯克对这个近在咫尺的邻居并没有心存戒备，两家公司保持着和平友好的睦邻关系。

当马斯克发现Confinity的业务领域和自己撞车之后，友谊小船瞬间倾覆，Confinity也搬到了别处。此时，拉夫琴的商业思路越来越清晰，他力求打造一项能够进行网页和电子邮件支付的业务。于是，他和队友与马斯克展开了一场关于技术、思维以及梦想的比拼。就这样，两家超然于时代的公司以硅谷为爆点，在世界范围内掀起一场金融革命。

X.com和Confinity的战争，主要看谁出招更快一步，谁就拥有最大的胜率，因为这意味着用户在获得良好的使用体验之后会对某一家产生黏性。为此，马斯克和拉夫琴都投入重金展开促销活动，然而他们很快就发现，威胁自己的并非是同行，还有更可怕的第三方势力——黑客。

随着网络支付的兴起，黑客们忽然发现足不出户就能盗取他人财产，而这也是很多用户最担心的问题。为避免损失，X.com和Confinity拿出相当多的精力和资金去抵御来自黑客们的攻击，这笔费用高达百万美元。为了在和对手、黑客的对抗中取得胜利，马斯克不断调整自己的商业思维并制定出各种应对策略，发动了"人海战术"和"疲劳战术"：让员工每天工作20个小时，而马斯克自己则工作23个小时。

在马斯克的带动下，X.com推崇"社会达尔文主义"，即被淘汰被打败不值得同情。不过，随着时间的推移马斯克也意识到，把拉夫琴当成竞争对手会消耗自己的实力，无论谁占据上风都是杀敌一千自损八百。与此同时，拉夫琴也发现Confinity虽然拥有热门产品，但每天要拿出10万美元去奖励新用户，疯狂地啃食老本，而X.com则拥有更成熟的银行产品和现金储备，自己不可能在短时间内干掉对手。

如果两家的消耗战继续下去，互联网业很可能会损失一对极具前途的开拓型企业。幸运的是"英雄所见略同"，经过一番苦战，马斯克和拉夫琴都意识到他们的持久战和消耗战只能两败俱伤。于是在马斯克的牵头下，X.com和Confinity正式合并，马斯克拥有11.7%的控股权。两家合并之后，X.com又从高盛集团和德意志银行那里获得1亿美元的融资，用户数量逼近百万。

不能将和Confinity的合并看成是一种无奈之举，这也是一种战略突进方式，因为马斯克想让X.com走向世界，

第三章
初入社会：学习与进化

让用户只需一个账户就能走遍全球。

2001年，X.com正式更名为PayPal，主营网络电子结算服务，马斯克出任董事长，彼得·泰尔出任首席财务官（CFO），首席执行官由原美国财捷集团的比尔·哈里斯（CEO）出任，形成了驱动PayPal的三驾马车。三个人虽然存在一些理念上的分歧，但是在关于PayPal和人类社会的关系上达成了共识：网络支付必将极大地作用于人们的生活。

在三驾马车的驱动下，不到一年的时间，PayPal的功能就得到了完善并快速推广到了海外地区。作为网络支付体系，PayPal需要和其他购物网站结合，而这种合作模式下的转账会产生手续费，然而这并没有阻碍用户放弃它，当然这主要得益于PayPal自身产品结构的完善。因为马斯克的极客精神发挥了作用，他力求让PayPal和用户产生深度的绑定关系，而阻碍这种关系生成的最大要素就是安全性。

安全性是网络支付需要攻克的头等难关，而马斯克一直力求将PayPal打造成高效和安全的代名词，让买家在付款时可以不用提供任何敏感信息就完成消费，还能够将其他不同的支付体验整合在一起，同样卖家的个人信息在交易时也能得到保障，不会因为欺诈遭受严重的损失。随着用户群体的扩大，PayPal 很快成为世界级别的支付产品，广大用户能够用电子邮件来转移资金，不但即时到账且安全系数极高。

PayPal 和传统支付模式相比拥有三大优点：第一，可以安全地进行国际消费；第二，可以快速地收款、提现和跟踪交易进度；第三，可以高效地支付各种主要流通货币。后来，PayPal 的产品架构理念传入中国，诞生了支付宝，后面的故事我们就都知道了。

PayPal 的诞生和普及，从表面上看是马斯克打消了人们的使用顾虑，但从深层次看，马斯克改变的是人们对现代生活的认识，而支付仅仅是一个切入点。

当人们认为马斯克是网络支付的先行者时，或许没有人会想到，这个来自南非的大个子不过是以金融作为一块试验田罢了，他不仅颠覆了人类对现代金融系统的认识，而且对整个人类社会体系进行了震荡和迁移。

PayPal 成为新支付手段，X.com 和 Confinity 则成为非零和博弈的光荣典范，然而这看似"双赢"的和谐外表下，真的就是一片平静与祥和吗？

公司合并引发的内部斗争

业绩交给市场,人心交给上帝。

从竞争到合并,X.com 和 Confinity 为 PayPal 缔造了一个展示它力量和生机的舞台,PayPal 的诞生无疑吸收了两家公司的优势,然而同时埋下了斗争的隐患。不过这一次斗争的发端和马斯克无关,而是集中在了 CEO 哈里斯和 CFO 泰尔两人身上。原来,他们对 PayPal 的业务方向产生了重大分歧,哈里斯为寻找外援,竟然偷偷送给民主党 25000 美元的政治献金,后来事情败露,哈里斯和泰尔的冲突也走向了公开化。

在高层你来我往地争斗时,基层员工也个个剑拔弩张,原 X.com 和原 Confinity 的员工自动分成了两大派,上演了一场有关身份政治的办公室战争。除此之外,公司的研发部门也发生了斗争,一部分人支持专项 Windows 技术,另一部分人继续坚持 UNIX 系统(一个强大的多用户、多任务的操作系统,支持多种处理器架构,属于分时操作系统),马斯克支持 Windows,拉夫琴支持 UNIX。

在新公司合并仅仅两个月的时间,泰尔扛不住内斗的血雨腥风,战术性地宣布辞职。如此看来,公司似乎应该回归于和平，然而少了对手的哈里斯日子并不好过，因为董事会记着他搞政治献金的仇，最后让马斯克出任CEO。

马斯克表面上接过了玉玺，其实他接过的是一个烫手山芋，因为此时公司的业务已经处于崩溃的边缘，甚至形成了匪夷所思的"生物钟"：每个星期网站都会"准时"崩溃一次，工程师只好重新开发一个新系统，然而这个系统最多维持几天，如此周而复始，消耗了技术团队的大量精力。

伴随着系统的不稳定，层出不穷的网络诈骗同步袭来，这让 PayPal 付出了高昂的代价，而且因为交易量的增加，各大银行和信用卡公司也获得了不少的手续费，都成为瓜分 PayPal 这块超级大蛋糕的"七把叉"（巴西作家奥里热内斯·莱萨短篇讽刺小说中的大胃王）。

此时的马斯克保持着清醒的头脑，他认为现在 PayPal 面临的问题是缺少具有影响力的产品，但开发新产品是需要资金投入的，而当时的风投公司早就在旁边看够了这场内斗大戏，对 PayPal 的未来根本不看好。另外，董事会在把 CEO 的桂冠戴在马斯克头上以后，发现他并没有交上满分的答卷，这让他们大失所望。至于马斯克，虽然被

第三章
初入社会：学习与进化

高层质疑，可他彻底放飞了自我，甚至提出了把PayPal改回到X.com这个让人迷惑不解的建议，结果遭到了大多数人的反对，甚至有人恶意满满地表示：X.com这个名字听起来就像是一个色情网站。看来，这是拉夫琴和他的原班人马把憋了很久的槽点终于一吐为快了。

上挤下压就是当时马斯克的生存状态，如果换成今天的他，可能会采取更稳妥的处理方式，然而当时的他却是年轻气盛，不考虑任何后果地给自己放了个小长假，带着妻子去澳大利亚看悉尼奥运会。结果，马斯克刚上了飞机，拉夫琴就从队伍中站出来，召集原班人马召开了董事会，直接提议解除马斯克的职务。当然，拉夫琴的这个举动也冒着极大的风险，因为一旦这个提议被董事会否决，公开亮牌的他也只能选择走人，然而董事会这一次站在了拉夫琴这边，他们同意解除马斯克的职务。

当马斯克乘坐的飞机安稳地落在澳大利亚之后，他收到了自己被"废黜"的消息，度假的心情顿时一扫而光，他急忙搭乘最快的班机回国，因为他不想就此放弃，可惜董事会对他已经彻底死心，即使他低头认错也没商量的余地，在反对派的摇旗呐喊声中，马斯克四面楚歌，他的老部下们都化身为吃瓜群众，欣赏着眼前这场有关权力更迭的真人秀。

2001年6月，马斯克的人生迎来了最狼狈也是最惨痛的结局，他从CEO变成了公司顾问，成为靠边站的小透明，然而此时的他并没有过激的反应，他已经接受了现实。

与此同时，PayPal的外部环境也发生了变化，当时的互联网呈现出衰退迹象，不少创业者卖掉股权换成真金白银，这种操作模式像流行病毒一样传染了整个互联网创业圈。就在这时，eBay向PayPal含情脉脉地表示有意收购。

其实在此之前，eBay和PayPal已经建立了合作关系，但是当时eBay的CEO梅格·惠特曼认为PayPal拿走了利润的大头，eBay是吃亏的一方，在看到PayPal惊心动魄的内斗之后，觉得这是一个收为己用的大好良机。

对于eBay的收购意向，马斯克坚决反对，特别是在他仔细阅读了收购要约之后，认为这就是一次利益不对等的入侵，因为当时的PayPal已经坐拥大批忠诚用户，估值应该高于eBay开出的价码。PayPal的高层也觉得这次收购缺乏诚意，于是就和eBay开始了讨价还价。

当时圈内人普遍认为，PayPal被eBay收购是非常愚蠢的决策，虽然PayPal存在着各种问题，可毕竟在市场上站稳了脚跟，贱卖自己纯属愚蠢行为，特别是作为创始人的马斯克，不应该是质疑收购条件，而是应该直接拒绝才对，只有鼠目寸光之辈才急着要拿 PayPal 换钱。

看起来，马斯克这次的确有目光短浅之嫌，然而事实真的如此吗？

从表面上看，PayPal 发展空间巨大，但它在繁华之下也隐藏了一身的病：PayPal 存在着巨大的经营风险，这是因为当时的政府监管机构认为 PayPal 并不具有传统意义上的金融业从业资质，必须以州为单位分别申请资金转账牌照，这将给 PayPal 的发展带来极大的阻碍，甚至可能因为一纸文件就被宣判死刑。

还有一个危险的信号是，当时 eBay 已经和富国银行展开了洽谈，富国银行旗下的信用卡交易处理服务合资公司免费为所有 eBay 用户服务，这意味着如果不把 PayPal 卖给 eBay，对方将使出杀手锏把 PayPal 逼上绝路，而 PayPal 到时候必定无力招架，因为 eBay 上 70% 的拍卖都是通过 PayPal 来支付的，这也意味着如果 eBay 拒绝与 PayPal 合作，PayPal 将失去重要的收入来源。

时至今日，PayPal 已经成为世界使用最为广泛的第三方支付工具之一，但这并不能证明马斯克当初的决策是短视的，因为这是 eBay 苦心经营 18 年的结果，如果 PayPal 一直被马斯克攥在手中，或许会变得更强，但这需要马斯克付出高昂的机会成本，大概率将不会有特斯拉、SpaceX 的故事。因为想要在支付市场深耕，想要在金融领域挺过几次寒冬，马斯克势必要付出比 eBay 更多的精力和更大的牺牲。

回头来看，马斯克在内斗落败之后出售 PayPal，不仅是战术上的权宜之计，也是战略上的大开大合，因为只有卖掉 PayPal 的股权，马斯克才有资金和精力去做他的火星移居梦。

落败不是尾声，是新战争的前奏

只要是企业就难免会存在派系斗争，只不过斗争的类型不同：一种是人事斗争，以人为划分标准；另一种是观念斗争，以三观不同来区分阵营。PayPal 内部的斗争，大体上属于观念斗争，但观念也是源自于人，所以打来打去还是会以牺牲某个人为收场。

2002 年 7 月，eBay 以 15 亿美元的价码收购了 PayPal，马斯克获得了 1.8 亿美元的收入，这是一个双方

第三章
初入社会：学习与进化

都能接受的价码。至此，马斯克身家过亿，成为名副其实的土豪，但是他的名誉却遭到了前所未有的重创。

因为 PayPal 之前经历的内斗，让媒体终于抓住了槽点：马斯克就是那个躲在幕后制造混乱的黑手。于是，各种帽子和标签都飞向了马斯克：权谋家、野心家、顽固分子……然而具有讽刺意味的是，站在马斯克对面的拉夫琴和泰尔，瞬间光芒万丈成了业界良心的代表。

这个时期的马斯克，创业者的光辉形象一落千丈，很多人认为他不具备联合创始人的基本素质，他的成功不过是借助别人之力，在网络上甚至出现了专门抨击马斯克的阵地，这些键盘侠正是马斯克的早期雇员。

那么，马斯克在意自己的名声吗？当然在意。不过他在意的点不同，他在乎的并非是别人眼中的自己是否清白，而是自己作为创业者的素质是否够格，因为这才是一个行业先驱最重要的衡量标准，也是马斯克眼中声望的核心价值。

为了挽回正在流失的名誉价值，马斯克发挥他的文字功底，撰写了一封长达 2000 多字的邮件，对躲在网络背后狠命敲键盘的前雇员进行了回击，声称他不过是比实习生好那么一点点，而且对公司的内幕一知半解。除此之外，马斯克还公开表示，自己无愧于一个联合创始人的称号。

然而事情并没有那么简单。

键盘侠往往在现实中是缺乏勇气的，他们不过是敢于在网络上暴露出自己"桀骜不驯"的一面，而这种"杀伐果断"恰恰具备了被人当枪使用的资质，那位被马斯克骂得颜面扫地的前雇员很快得到了泰尔的支持，对方还帮助他出版了一本讲述"PayPal战争"的书。然而，这本书发行之后，PayPal的现任员工们觉得十分胡扯，因为他们了解马斯克的为人和能力，对这本书中关于马斯克的矮化和颠倒黑白很难接受，因为这也株连到了整个X.com团队。不过，他们在另外一个问题上达成了共识：如果马斯克继续留在PayPal，这个公司迟早要玩完。

为什么员工会有这样的认识？这是否和他们对马斯克能力的评价相矛盾呢？

事实上，大家对马斯克的付出和才能是有目共睹的，但是马斯克强悍的个性让员工们在公司里长期被压制，以至于形成了一种"习得性无助"，即什么事情马斯克都会拍板做主，让员工失去了自主决定的权利，久而久之变成了工具人；而当马斯克离开PayPal之后，工具人多年积

第三章
初入社会：学习与进化

压在心中的负面情绪爆发出来，此时感性完全压制了理性，加上他们缺乏和马斯克共事的美好回忆，就变成了一种团体性的吐槽——这家伙不是一个好 CEO。

诚然，马斯克的性格中存在短板，不过如果没有这些短板，马斯克就不再是那个自信的先驱，也不再是那个咄咄逼人的领头人，更难成为一个爱较真的"技术宅"。如果只是截取马斯克创业生涯中的一个片段去评判他，得出的结论很可能负面大过正面，因为马斯克更看重"结果正义"而非"行为正义"，实践的过程难免会有不妥之处。

虽然双方存在误解，但马斯克的反击也是合情合理的，他不能接受拉夫琴和泰尔对他身为联合创始人的否定，所以只要出席公共场合，马斯克都不放弃给自己"洗白"，在他看来这是一个绝对不能妥协的事情。

泰尔在出售 PayPal 之后一路顺风顺水，他先是投资给了当时还名不见经传的 Facebook 50 万美元，最后增值为 10 亿多美元，回报率高达 6000 倍。除此之外，从 PayPal 公司走出的技术精英，一个个都在其他领域成为佼佼者，最后媒体送了他们一个称号——"PayPal 黑帮"。

能够用黑帮文化去诠释企业文化，这些媒体的想象力也足够丰富。不过，真正对"PayPal 黑帮"这个称呼在意的人还是马斯克,他开始从这次争斗中总结经验、汲取教训。在相当长的一段时间里,马斯克没有做任何事,而是把自己关在别墅里玩一款名叫"生化奇兵"的第一人称射击游戏。

为什么马斯克突然痴迷于一款游戏呢?

原来,马斯克认为这款游戏讲述了辩证法,他从血腥的斗争中发现了哲学层面的文化竞争,他认为当代社会的很多冲突都是源自于不同文化基因的对抗。正是有了这个新发现,马斯克才丰富了他的管理思维,懂得了如何在内斗中进退自如以及如何掌握平衡的艺术,这些在他后来的创业生涯中都有了实践。

君子报仇,十年不晚。正如《权力的游戏》中狼家从衰落到崛起一样,马斯克也要经历一个被声讨、被误解再到被崇拜、被追随的蛰伏过程,而这个卧薪尝胆的战术也真正充满了励志色彩,因为如果当场反击,最多只能击败几个人,而如果是蓄力后发,那震慑的可能是全世界。

为了弥补上次假期的缺憾,马斯克和妻子去了南非的一个野生动物保护区,在那里他染上了热带疟疾。他从非洲回到美国之后,一连卧床好几天,最后不得不被送往医院救治,却被医生误诊了,所幸另一家医院的医生看了马斯克的血液样本后采取了新的治疗方案，不然马斯克的传记将永远停止在这一年。由于这次疟疾几乎摧垮了马斯克的身体，让他忽然意识到生命的脆弱，他忽然感受到了中年危机——年轻的时光正在悄然离去，他如果不做些什么可能会永远失去机会。

身体痊愈之后，马斯克把自己的新创业方向锁定到了太空。

或许第一个得知这个消息的人，会大吃一惊，因为进军太空的马斯克就像是闯入了一片恐怖的无人区，他没有任何技术、人脉和经验的积累，甚至他过亿的身价在太空研发这个领域都是在过家家。从这一刻开始，马斯克已经"背叛"了他之前迷恋和依赖的硅谷，这里不再赐予他任何力量。他能成功吗？

ELON MUSK

第四章

东山再起：
创业家的觉醒与开拓

用闲置资金瞄准太空

不是因为成为亿万富翁,马斯克才有了如此"胆大妄为"的创业方向,是因为敢于异想天开,马斯克才成了亿万富翁。马斯克把下一个创业目标瞄准太空不是头脑发热,而是相机行事,因为他在 2002 年就在筹谋这个计划了。

说起来,这里面还有一段充满人生哲理的故事。

在马斯克卖掉 PayPal 之后,他有着大量的自由时间。在一个淅淅沥沥下着雨的深夜,马斯克和一个朋友驾车行驶在回纽约的路上,朋友无意中问起马斯克下一步想要做什么,马斯克想都没想就说他对宇宙很有兴趣,但他也知道这是一个庞大复杂的计划,既需要巨额的资金投入,也需要漫长的研发、制造和试验过程。原以为朋友会对马斯克的想法嗤之以鼻,没想到朋友拍着马斯克的肩膀说:他也对宇宙充满了兴趣，而且两个人都坚信，未来人类一定会在火星建立属于自己的家园。

在这个雨夜，一条人烟稀薄的公路上，两个爱幻想的大男孩隔着车顶遥望朦胧的夜空，为全人类编织着美好的未来。难道人类历史的转折点会隐藏在这次不经意的对话中吗？当然会，因为每个人都会在人类历史上留下字符，不过有的人留下的是转折性的、能够改变历史的字符。

马斯克认为，如今地球的资源已经不能满足人类的需求了，那么既然宇宙无限广大，为什么不能在外面寻找新的资源产地呢？难道哥伦布精神只能停留在大海上吗？

那一片星海，就是马斯克未来的征途。

马斯克为什么热衷移居火星呢？那可不是简单的在后院发射火箭的梦，而是对地球未来的担忧。如今地球的总人口已经达到了70亿，到了2050年将会达到100亿，地球的资源如此有限，最终一定会过载，接下来发生的将是环境污染危机、粮食危机、能源危机以及水资源危机等等，而火星就是解决这一系列问题的关键。

期望和质疑，有时就像一对孪生兄弟。马斯克之所以对人类未来的生活状态充满期望，是因为他质疑人类目前对太空的想象力实在匮乏。众所周知，人类在1969年就

第四章
东山再起：创业家的觉醒与开拓

实现了登月，如今50多年过去了，互联网改变人类的生活方式，高铁动车提升了交通的速度，为何人类在探索太空方面却依然原地踏步呢？

马斯克带着这个疑问，查阅了美国国家航空航天局（NASA）的官方网站，本以为能够找到让他感兴趣的资料，结果却发现有关征服火星的信息几乎为零，顿时让马斯克一脸问号：什么？NASA竟然对火星毫无兴趣？！

巨大的疑问催生出巨大的动力，马斯克开启打破砂锅问到底的模式，在查阅了大量资料之后终于如梦初醒：原来NASA并非是因为技术原因迟迟没有去"占领"火星，而是因为受到了资金的限制。

堂堂的NASA真的缺钱吗？还真是。根据预算，从地球到火星的载人飞行费用高达5000亿美元，这是一笔浩大的开支，但美国政府也不是掏不出来，而是这个计划没有任何政治动机，和美国的全球战略八竿子打不着。

掌握着技术和资金绝对优势的政府都放弃了登陆火星的愿望，按理说，剧情推进到这个环节就算是有主角光环也该放弃了，然而马斯克并没有，他的失败体验瘾突然爆发：既然美国政府不愿意体验失败，那就只能换他出场了。

一旦锁定目标，马斯克就一门心思扎进了这块陌生的领域，凡是和火箭有关的书籍他都贪婪地阅读，可这里面涉及很多专业知识，马斯克又一次启动了书呆子模式，把一本本厚得能够防身的专业书全部啃完。事实上，马斯克的疯狂不仅仅是对梦想的狂热追逐，更是对当时美国政府的失望，在马斯克看来，美国政府丧失或者说丢弃了开拓者的冒险精神，这比经济下行更让人感到恐惧和悲哀。

为了实现火星梦，马斯克举家搬到了洛杉矶，其实这里的躁动与喧嚣他并不喜欢，但是这里却是离梦最近的地方。当时的美国空军、NASA等部门都在洛杉矶附近进行过生产和试验，这让这里不仅有好莱坞，还有数不清的军事航空和商业活动中心，而这些就是马斯克的逐梦地。

先成为梦想家，再成为开拓者，这才是哥伦布精神，然而很多人却反着来：先成为开拓者，再把自己打造为梦想家，于是他们就变成了维京海盗。

马斯克在互联网领域走在了时代的前列，而他在探索太空领域达到了旁人难以企及的高度，因为很多人根本不理解探索这片"危险地带"能获得什么好处，但是这种想法在马斯克看来却相当幼稚，因为地球人对火星和太空知之甚少，既然如此，他就有责任和义务承担起带头大哥的作用。

第四章
东山再起：创业家的觉醒与开拓

马斯克这时已经31岁了，名下拥有数亿美元的资产，绝对的人生赢家，在媒体看来他是成功人士，杂志和报纸争着用头版报道他的个人事迹，马斯克也十分配合，经常和妻子出入慈善晚会、好莱坞夜总会等公众场合展示他的"人设"。然而，灯红酒绿没有照亮他的人生，纸醉金迷也未能腐蚀他的内心，他可以是谷歌创始人拉里·佩奇举办活动的特邀贵宾，也可以和爱尔兰老牌乐队的主唱一起喝酒，然而这种美国新贵的生活并不是他想要的，他不想成为盖茨比，他要成为了不起的马斯克。

梦境，对平庸者而言是逃避现实的脆弱港湾，而对探索者来说则是征服世界的虚拟预演。马斯克逐渐厌倦了这种所谓功成名就的生活，他不能再无所事事下去，因为他膨胀的征服欲和野心提醒他该"加餐"了。于是，马斯克开始按照他的思路一点一点地积累关注度，这也是在聚集他改变世界的能量，就像要建造一部巨大复杂的机器，只要将所有的齿轮和链条都装载完毕，就能制造出震动世界的声响与奇迹。

集结团队：把精英召集在身边

中国道家的成仙之路，被称为"渡劫"，意味着不经历折磨肉体和精神的劫难，修炼者就无法飞天成仙。对马斯克来说，他的"成仙之路"不是"渡劫"，而是字面意义上的"渡人"，这离不开一个重要工具——火箭。

火星和地球之间没有高速公路，能否制造出可靠的火箭将决定着移居火星大梦是否可以实现。为此，马斯克摇身变成了采购商，他跑遍了世界各国的火箭市场，先是找到了欧洲卫星发射联盟，为了打动对方他包下了卢浮宫对面酒店的顶层，用热闹的派对证明他的实力，然而这些表面功夫竟然没有打动浪漫的法国人。就在这时，马斯克听说俄罗斯有一种洲际弹道导弹可以当作火箭使用，而且700万美元就能购买一枚，他决定先买3枚试试。

马斯克联系到了俄罗斯的制造商，然而谈判进行得非常不顺，这其中有文化的差异，有意识形态的差异，单靠马斯克的口才并不足以化解，他需要一个能调解矛盾的中间人。最终，在朋友的介绍下，马斯克决定找一个叫坎特雷尔的人帮忙。

坎特雷尔曾经作为美国的秘密工作人员在俄罗斯被

第四章
东山再起：创业家的觉醒与开拓

捕，后来由美国副总统出面斡旋，才放他出来，他也由此恨透了这个冰天雪地的国家，所以当马斯克打电话要求见面时，坎特雷尔的"特工神经"发作，以为马斯克是要诱捕或者干掉自己，于是把约见地点改在了人来人往的机场，没想到两人见面后一拍即合，坎特雷尔不仅克服了"俄罗斯恐惧症"，还给马斯克一句褒贬各半的评价："专注于人类未来生活的理智的疯子。"

2001年，马斯克和坎特雷尔远赴莫斯科，还有一位名叫雷西的人随行，不过此人不是协助谈判的，而是时刻观察马斯克是否已经发疯的成人保姆。几经周折，马斯克见到了为俄罗斯联邦宇航局制造过火星探测器的拉沃契设计局，还有一家专门从事火箭发射器制造的公司。为了表现出入乡随俗的友善态度，马斯克啃着硬邦邦的俄式三明治和对方交谈，可是俄罗斯人的随性和慢节奏彻底打乱了他的计划。

一天，马斯克和俄罗斯人谈判时，对方拿来几箱子伏特加，让大家每两分钟清空一瓶，为了拿下这单生意，马斯克一行人酒囊附体狂饮起来，结果连肠胃带大脑都被折磨得生不如死。最后，俄罗斯人也醉得睁不开眼，嘴里高喊着"为了太空"和"为了美国"，本以为曙光即将来临，可最终的结果还是没有谈成。

伏特加差点搞垮了马斯克，但他还是无所畏惧地去了四次俄罗斯，然而除了酒量见长之外一无所获。最后一次会谈，马斯克彻底发飙，他把2100万美元现金亮给俄罗斯人看，俄罗斯人总算耐着性子听完了马斯克的发射计划，最后傲慢地告诉他：2100万美元只能购买一枚导弹。除此之外，俄罗斯人还送给马斯克一个昵称——小男孩。

这一次，马斯克彻底死心，他喝干了一杯伏特加，拎着装满钞票的箱子绝尘而去。

本以为是可以通过谈判和博弈完成的国际贸易，却败在了伏特加和偏见之下，这让马斯克的内心遭受到一万点暴击。可是暴击过后，马斯克的脑子里突然蹦出一个疯狂的念头——自己造火箭。

坎特雷尔认为马斯克的脑子被酒精搞坏了，可是当马斯克拿出一张制造火箭的表格时，坎特雷尔傻眼了。原来在这张表格上详细记录了发射火箭所需要的成本，每一项都精确到了小数点，马斯克显然不是在开玩笑。

事实上，马斯克在和俄罗斯人谈判的时候，他一直在研究航天工业及其背后的物理原理，为此广泛阅读了天体动力学、火箭动力学等方面的书籍。对马斯克而言，俄罗

第四章
东山再起：创业家的觉醒与开拓

斯人的粗鲁无礼不过是一个小插曲，因为他已经开启了童年时的书呆子模式，就像一块干瘪的海绵疯狂地吸收池子里的水，而这些水就是有关火箭的一切。

马斯克自造火箭的疯狂计划圈里圈外的人都知道了，他们并没有震惊，只是觉得马斯克在异想天开，也可能是被一样抽风的工程师给洗脑了。当然，马斯克也知道自己面临的困难有多大，不过他还是相信自己能坚持下来。

在宾夕法尼亚大学，马斯克学习了物理学，如今他把这些物理学知识和商业思维完美地融合在一起。他认为，物理学并非是简单地对某个理论重新推演，而是从根本上进行全新的思考，这才是它的核心价值所在。同样，商业思维就是指导物理学如何形变的牵引力。

从儿童时代开始，人类就习惯于通过"模仿"去适应社会，而不是通过原创理论去超越传统，所以大多数人没有经历过真正的形变思维。然而马斯克就不同了，他会在模仿中前进，因为他知道模仿是一种保守策略，从长远来看是阻碍人类进步的，也无法适用于每个领域。当一个人准备进军一个需要挑战自我的领域时，模仿只能起到阻碍和破坏的作用，最典型的代表就是真空管。

真空管是很多电子产品的核心部件，如果一个技术人员以它为模板是无法制造出晶体管的，因为晶体管可以大规模集成，二者代表两种设计思路。同理，马斯克也不能从一堆烟花爆竹中推演出运载火箭的设计图纸。

形变意味着风险，这才导致了航天技术的进步速度像蜗牛一样慢，因为没有人愿意充当先行者，因为先行者可能在形变中死掉。

要想增强创新的力度，就要改变认识世界的视角，而改变视角就需要砸破自己所在世界的天花板，才能获得形变的空间。可怕的是，马斯克认定自己会在航天技术上完成一次华丽的形变，他能以最低的成本造出火箭并让它实现民用化。

这是一个疯狂的念头，几乎没人认为它会成功，因为大多数人的想象力早已把自己束缚在安全的世界里，而马斯克正在打破这种安全感。

太空梦从火星绿洲开始

法国社会心理学家古斯塔夫·勒庞撰写过一部风靡全球的著作《乌合之众》，这是一本有关大众心理学研究的书。在这本书中，勒庞描述了群体和群体心理的特征并提出了鲜明的观点：如果一个人作为孤立的个体存在时，他拥有着独特的人格特征；如果这个人进入某群体之后，他的个性就会被群体吞没。所以每个群体都有着情绪化、无异议以及低智商等特征。

当马斯克产生了自己制造火箭的想法时，他需要一支强大的团队，但肯定不是一支"乌合之众"的队伍，因为这意味着他们要挑战的难题无从攻克。但是，马斯克强势的个性真的不会消弭掉团队成员的个性吗？

我们不必急于给出答案，而是从"乌合之众"这个概念入手，勒庞描述的是大众群体，组成群体的个体基本上是普通人，然而马斯克寻找的是精英群体，他看重的恰恰是个体之间的差异，只有这种差异才能保留人类最原始的激情、野性以及创造力，否则他们只能从事重复性的工作，而无法在一个布满障碍物的领域中昂首前进。因为，这个群体要解决一个最棘手的问题——开发成本。

根据马斯克了解，美国当时制造德尔塔IV型重型火箭的开发费用是25亿美元，发射费用是1.5亿美元，这是绝大多数企业无法承受的，不过这在马斯克看来倒无所谓，因为这些成本本身就是虚高的，所以马斯克给自己设定的目标是：用普通火箭成本的10%制造火箭。

为了建立成本优势，马斯克找到了一位名叫汤姆·穆勒的火箭工程师。此人是美国最大的引擎制造商天合汽车集团（TRW）的液体推进器领域的专家，世界最大的发动机引擎制造就有他的参与。为此，马斯克费尽周折，终于把这位高人邀请到团队中。

穆勒从小就展示出与"乌合之众"不同的特质，他性格古怪，酷爱读书，喜欢修理各种精密仪器，也和马斯克一样迷恋火箭。他在 12 岁的时候制造出一架航天飞机模型，这个模型并非是静态的，而是能够搭载到火箭上并能升空滑翔。2002 年，马斯克在一个车间里见到了穆勒，两个人一见如故，畅所欲言地聊了几个小时，然后就成了队友。有了穆勒，马斯克在低成本火箭研究方面会有重大的突破。

开发成本的问题解决了，马斯克还需要攻下技术难关。

在邀请穆勒加盟的同时，马斯克招募了原波音公司的蒂姆·布萨以及麦道飞行公司的火箭结构设计师克里斯·汤普森。之所以聘请这两位高手，是因为马斯克需要他们的职业经验，但这种经验不是单纯效仿，因为马斯克需要的航天设备与波音公司不同，他并不需要火箭搭载大型的卫星，只要能够满足低端卫星市场的需求就足够了，只有这

第四章
东山再起：创业家的觉醒与开拓

样才能充分借助这个时代高速发展的电子技术。

网罗了成本和技术人才，马斯克准备放手一搏。他要开拓一个全新的火箭市场，他不仅要成为一个颠覆者，更要成为一个新领域的先行者。

当穆勒等人来到马斯克的团队之后，发现这里已经聚集了很多专业人士，这也坚定了穆勒等人和马斯克共同奋战的决心。事实上，在此之前几乎没人相信马斯克这个从硅谷走出来的极客能够召集到顶尖的航天界精英，这可不是资本的力量发挥了作用，而是马斯克发挥了梦想家"卖梦"的本领。

设计师汤普森认为，马斯克给了自己实现一个伟大梦想的机会，他当时的想法就是如果不跟着马斯克将来一定后悔。穆勒也认为自己在国家航空航天局就是虚度光阴，几年的宝贵时光都消耗在没有多大意义的研究上。然而马斯克不会让他们的人生无意义，他每个星期五都要向大家汇报项目进展情况。整个团队就像是玩游戏一样，能看到自己闯过了第几关，完成了多少百分比的任务，有强烈的参与感和进度感。

相同的理念是吸引人们结成有凝聚力团体的关键，谁能将信念变成行动，谁就会成为这个群体中最有领导力的角色。马斯克就是这群"太空极客"的核心领导，在他的团队中形成了强大的凝聚力，但这种凝聚力并不会消磨团队成员的个性。

2002 年，马斯克将坎特雷尔、穆勒、汤普森等核心成员叫到一起，告诉他们一个重磅消息：他准备开一家商业化的太空公司。除了坎特雷尔认为风险太大之外，其他人都认为这个计划可行，就留在了马斯克身边。

2002 年 6 月，马斯克成立了太空探索技术公司——SpaceX。

马斯克在洛杉矶的郊区租了一间旧仓库用于研究，工作环境非常简陋，只有水泥地面和 40 英尺（约 12 米）高的天花板，连隔热层都暴露在外，几个办公隔间最多容纳 50 个人。就是这样一个连流浪汉都看不上的鬼地方，马斯克招募了他的第一批员工，这些年轻人一面被上个世纪的办公环境惊掉了下巴，一面又被马斯克激情澎湃的演讲深深打动，最后稀里糊涂地留了下来。

创业总要有一个明确的目标，马斯克告诉他的手下，SpaceX 的目标只有四条：第一，能够自己生产火箭推进器；第二，其他零件不用自己制造而是通过采购的方式获得；第三，严格控制产品的成本和质量；第四，比其他公司生产火箭的速度更快。

按照当时的政策，马斯克可以通过政府补贴维系公司的运转，然而他潇洒地拒绝了，因为他不想被人看成是脑子发热的无能创业者，他要用盈利来证明他的太空计划是正确的。

这是一个非常"硅谷"的想法。

硅谷之所以是硅谷，是因为这里的人每天都要接收消化前沿的科技知识，谁接收不了或者消化不掉，谁就会在严酷的竞争中被淘汰出局。相比于硅谷，当时美国的航天领域恰恰相反，那里没人愿意创新，而马斯克的终极目标就是让航天领域硅谷化。

在马斯克成立 SpaceX 之后，他向身边的朋友们宣告自己要去太空了，结果每个人都听得目瞪口呆，马斯克却不以为然，他甚至傲娇地认为自己将成为第一个进入太空的私人公民。

"这是 45 亿年来人类第一次有可能将自己的触角扩张到地球之外，我们需要抓住这一机会。"这就是马斯克从胸膛中迸发出的豪言壮语。

相同的信念没有把马斯克的团队变成乌合之众，反而让他们更清楚自己对团队的特殊价值，只有保留并发扬这一部分价值，才能给团队创造更高的价值。马斯克没有疯狂地向团队输出企业文化，他只是让大家跟着自己做了一个美丽的梦，用梦去聚合他们，他们不是"乌合之众"，而是"追梦组合"。

再进一步，SpaceX 准备起飞

1976年，全世界都在为一位富翁的死感到震惊，这位富翁甚至登上了各大主流媒体的头版头条，这个人叫霍华德·休斯。也许你没有听过这个名字，但是说起莱昂纳多·迪卡普里奥主演的《飞行家》，或许你就会有些印象了，没错，这部电影的主角原型就是霍华德·休斯。为什么这么多人关注他呢？就像电影中为观众展示的那样，霍华德·休斯是一个狂热的飞行爱好者，他因为亲自试飞差点被摔死，为了建造世界上最牛的飞机不惜变卖家产；除此之外，他还是一个感情史极其丰富的花花公子……

和霍华德·休斯相比，马斯克就是当代的飞行家，他同样是一个富豪、热爱天空（宇宙），感情经历丰富而曲折……最重要的是，马斯克获得的关注一点也不比霍华德·休斯少。

第四章
东山再起：创业家的觉醒与开拓

马斯克的太空梦虽然听起来语惊四座，不过这一次他的疯狂举动并没有被人嘲笑，反而得到了不少人的尊重，有媒体这样评价他："如果他成功了，人类便成功了；他不仅是在为他自己奋斗，而且是在为我们所有人奋斗。"

幸好有这些理性的声音，才让马斯克没有无端被嘲讽。不过，要想获得更多人的支持，仅仅依靠"路人粉"是不够的，马斯克还需要有一大批志同道合的人，这意味他要进入太空爱好者的圈子。

人类是特殊的群居动物，不仅会按照所在地域划分彼此，还会按照不同的爱好跨地域组建圈子，而依靠共同兴趣绑定的团队似乎表现得更有激情。在美国人登月之后，人们的想象力伴随着月球车的着陆被彻底地撞开了，无数新鲜想法喷涌出来，爱好者们聚集在一起交流思想，很快就诞生了一个叫"太空极客"的群体。

太空极客，顾名思义这类人都对探索太空充满兴趣，他们大多数在青少年时期就向往浩瀚的宇宙，也都喜欢科幻小说，当然还有最重要的一点，那就是他们都有"钞能力"。所以，在美国的太空极客圈子里聚集着一堆如雷贯耳的超级富豪，比如微软的联合创始人保罗·艾伦，再比如亚马逊的创始人杰夫·贝佐斯，还有谷歌的创始人拉里·佩奇……就在这些富豪遥望天空筹划着如何征服它的时候，一个敢想敢干的新富豪加入了，他就是埃隆·马斯克。

马斯克进入这个圈子以后才发现，这些富豪一直在影响着美国太空事业的发展，他们会花大价钱雇用国家级别的航天专家，然后在他们的授意下制作出价格高昂的飞行器，虽然这看起来是不过是有钱人的业余消遣，但在客观上还是促进了航天事业的技术革新速度，从这一点上看，还真的符合极客精神——敢于砸钱，敢于探索，敢于藐视一切。

除了太空极客圈子，马斯克又不遗余力地寻找其他同类社团，他不想每天和别人谈太阳系以外的事情，于是他终于找到一个更对胃口的新圈子——"火星学会"。从名字上可以看出，该组织的梦想也是移居火星，他们还在2001年组织了一场筹款活动，马斯克慷慨地寄给他们一张5000美元的支票。虽然这笔钱不算巨资，却打动了学会成员，他们认为马斯克是带着诚意的，于是火星学会的负责人卓比林约见了马斯克。

经过交谈，马斯克得知火星学会正在对火星的生态状况进行模拟，他们打算完成一个叫"生命迁徙任务"的实验，实验内容是让老鼠在模拟的太空舱中活动。显然，如

第四章
东山再起：创业家的觉醒与开拓

果老鼠能够适应太空舱的环境，那么人类就有了在外星适应太空舱长期生活的可能，所以马斯克立即捐给火星学会10万美元，让其建立科研工作站。

一段时间过后，马斯克渐渐发现，学会的胆子还是太小，他们只愿意按部就班地做渐进式的实验，如果按照这样的速度恐怕他80岁了也摸不着火星，于是他产生了一个新想法：既然是生命迁徙，干脆就大胆一点，把老鼠送到火星上去，让它们直接适应那里的环境并且能够繁育后代。但是问题来了，老鼠要依靠什么活下去呢？马斯克的朋友说必须带足奶酪。

朋友的打趣从侧面证明了移居火星的难度，人类甚至不需要去尝试就会觉得完全不可能，不过这更激发了马斯克的斗志。为了获取更多的支持者，他举办了一系列的主题沙龙活动，邀请圈内圈外的人和他探讨送老鼠上天的计划。

马斯克从不在意别人在背后如何谈论自己的事业，哪怕是送老鼠上火星这种事，他在乎的是公众能否知道他在做一件关乎人类未来的大事，即便大多数人不能出钱出力，可他们也有思考的义务，因为人类的未来是共同的。正因为格局越大，马斯克的野心也越大，他最终退出了幼儿园水平的火星学会，成立了一个叫作"火星生命基金会"的新组织。经过马斯克的一番宣传动员，不少名流加入了这个组织，包括执导了《泰坦尼克号》和《阿凡达》的导演詹姆斯·卡梅隆，还有精通航天工程和电气工程的技术大咖迈克尔·格里芬。

马斯克终于有了一支更专业的太空探险智囊团队，马斯克由此构想出了一个比生命迁徙更宏大的计划——"火星绿洲"。

这个计划构想是把一个机械温室发射到火星上，温室可以让来自火星表面的土壤培育植物，再让植物进行光合作用，产生氧气，这样身在异星的小老鼠们就有了交配的动力。这个想法听起来很疯狂，可这就是马斯克喜欢的方式。

起初，马斯克准备拿出两三千万美元去完成这个计划，结果发现这笔钱是杯水车薪。这还不是最要命的，最要命的是技术难题，因为火星的土壤无法直接供给植物营养，也许刚扎下根就被不知名的元素毒死了。可是，这点难题对马斯克来说不算什么，他找来专家负责解决这些植物的生长问题。

太空梦是美妙的也是艰难的，人类从第一次登月的阿

第四章
东山再起：创业家的觉醒与开拓

波罗计划开始，每走出一步都要付出巨大的代价。无论是作为太空极客的富豪成员，还是火星学会的慷慨赞助人，马斯克始终都是"脚踏地球，心系火星"。他不喜欢只会玩弄高级飞行器的太空极客，也不欣赏只敢在地面上模拟太空的火星学会。他认为，只要一个人爱上了太空，就不该只想着钱，更不该畏畏缩缩，因为他注定要在人类的太空史中扮演重要角色。这是一个全新的领域，而马斯克也要摘取一个新的头衔，不是富豪，也不是企业家，而是奔赴火星的"飞行家"。

三次发射惨败后的从容

一个终极理想的实现，需要若干个小目标的完成。它们就像一个复杂的化学公式，在完成化学反应的最后一步发生了质变。因此，越是远大的目标，"阶段性成功"就越显得重要，一锤定音只是诱惑你急于求成的传说。

先定个小目标，赚它一个亿。

在构想出"火星绿洲"计划以后，马斯克的下一步工作就是如何把温室送到火星上，那需要一个推动力强大的运载火箭。为此，SpaceX 开始了研发工作。

个性强悍的马斯克在管理团队时却表现出了特别的耐心，他把那些参与智力贡献和体力付出的人和谐地结合在一起，让 SpaceX 从上到下产生了强大的凝聚力，让研发很快进入高速运转阶段。就在这时，美国国防部联系了马斯克，表示他们也打算通过 SpaceX 发射一枚卫星。为此，马斯克的团队每天工作 20 个小时，每个星期休息一天，还有一些人全年无休，只能在星期日晚上玩一会儿游戏。在这帮执迷太空的狂人努力下，SpaceX 终于研发出了"猎鹰 1 号"。

"猎鹰 1 号"这个名字的由来和《星球大战》中的千年隼号有着渊源：马斯克喜欢这个系列的科幻电影，他也把自己想象成未来世界的创造者。

"猎鹰 1 号"马上成为太空极客们津津乐道的话题，他们对火箭什么时候上天并没有太大兴趣，他们只是为制造低价格的火箭感到兴奋，因为"猎鹰 1 号"的造价只有 690 万美元，能够运载 1400 磅（约合 635 千克）的物体，而在市场上一枚重达 550 磅（约合 250 千克）的运载火箭至少需要 3000 万美元的成本，这意味着有更多的人可能实现太空梦。

美国的军方人员也在关注着 SpaceX 的一举一动，他

第四章
东山再起：创业家的觉醒与开拓

们当中有人提出给军队配备更强大的太空装备，但是需要降低成本，所以在这方面美国军方和马斯克的出发点是一致的，他们并不认为马斯克是在白日做梦，而是以超凡的胆识在完成一件别人不愿意为之冒险的工作，这正是美国航天界需要的探索精神。

为了给自己的火箭宣传造势，马斯克在华盛顿召开了新闻发布会，公布了"猎鹰1号"的火箭模型，同时还抛出了一颗"重磅炮弹"：SpaceX在研制"猎鹰1号"的同时正准备"猎鹰5号"的生产计划。按照马斯克的说法，"猎鹰5号"无论从性能上还是运载能力上都要超过"猎鹰1号"，它能够承载9200磅（约合4200千克）的物体，能够在3台引擎失灵的情况下继续完成任务——这是当时全世界任何国家都做不到的。除此之外，"猎鹰5号"还能够发射到国际空间站，具备了为空间站进行补给的能力，这意味着SpaceX将获得更多的商机。

将研发和营销结合在一起，是马斯克一路走来的杀手锏。天才不能闭门造车，天才要时不时地打开窗户让外面的人知道他在干什么。这对马斯克来说就是要不断说服资本大鳄投资，说服美国政府下订单，说服广大民众予以支持。

如果跳出管理回归经营和研发，马斯克强悍的作风又会鲜明地体现出来。他从不允许任何不达标的人或者产品参与到他的计划中，而且有一个典型的逻辑：如果你干不了，那么我就自己干。当年对俄罗斯人是这样，现在对患有拖延症的承包商也是这样——生产效率低就马上解约，为此马斯克自主研发、生产了燃料罐。

　　马斯克对供应商有严格的要求，是因为他在意自己从事的工作，而这套严格的合作标准，让 SpaceX 的员工也都变得自律起来。

　　2004 年，猎鹰 1 号开始测试引擎，然而很快人们发现引擎未能达到发射标准，与之关联的导航系统、通信系统都出现了一些小问题，于是又经过了半年的调试才被送到了发射基地。让马斯克恼火的是，发射基地隶属美国空军，他们认为 SpaceX 是抢生意的同行，于是百般刁难，马斯克只好重新寻找合适的发射场。事实上，发射场的选址非常重要，通常都会选择在赤道附近，因为那里地球的自转速度更快，能让火箭更省时省力地升空，于是马斯克挑选了半天，最终锁定在位于太平洋上的夸贾林环礁。

　　马斯克的私人飞机此时派上了用场，核心成员和贵重物品被运送到夸贾林后，就开始了改造工程，前后历时几个月。工作人员不仅要砍伐树木还要浇注水泥,他们顶着灼烧的烈日,皮肤大面积被晒伤。为了提高他们的生活质量,马斯克运来了冰箱和烧烤架,总算让这枯燥的生活多了那么一点浪漫味道。

完成基础设施以后,下一步工作是组装火箭,这是一项十分考验意志力和耐性的工作,因为火箭拥有庞大复杂的结构,经常是这里组装完毕那里又出了问题。虽然充满挑战,不过 SpaceX 的员工还是欣然接受,他们认为自己来到这个岛上以后经历着奇妙的人生:从普通人变为一个冒险家、农学家、建筑家和工程师。

2005 年 11 月,"猎鹰 1 号"的一切准备工作就绪。马斯克和弟弟金巴尔一起来到了岛上,兄弟俩挤在简陋的宿舍里等着伟大时刻的到来。"猎鹰 1 号"长 21 米,总重量为 39 吨,内部填满了大量的液体燃料,它经过了多次试验,只待腾空而起。然而在发射前夕,工程师们发现液态氧气罐的一个阀门不能正常关闭,于是只得延期发射,接下来就是不断发生各种意外,直到 2006 年 3 月 25 日,"猎鹰 1 号"才被搁置在发射台上。

马斯克亲眼看到了发射过程,"猎鹰 1 号"在点火之后很快发生了异常,"灰背隼"引擎上方燃烧起来,让本应垂直飞行的火箭突然旋转，最后失控坠落到地面，大部分的残骸都掉进了附近的暗礁中，所幸的是运载的卫星还保持得比较完整。团队在对打捞上来的残骸进行技术分析时发现"猎鹰1号"的坠落原因是一颗配件上的劣质螺母，它因为受到岛上空气中的盐分腐蚀而发生了破损，导致射火箭前没有被拧紧，进而引发燃油管爆炸。

对于"猎鹰1号"的失败，马斯克还是逃脱不了干系的，因为他给团队灌输的是硅谷精神，听起来是一种追求极致的奋斗者意志，然而我们都知道编写代码是可以修改的，而航天是绝不允许出错的，一个小错误都必须要求你推倒重来。

发射失败影响了团队的情绪，很多人夜夜买醉，试图忘记这个破岛带给他们的伤害。然而马斯克却没有沉陷在这种负面情绪里，他计划要在下一个半年里再次发射火箭。很快，他的顽强意志让工程师团队振作起精神，他们用更规范和专业的方式去完成火箭的制造和组装过程。与此同时，马斯克也放低了姿态，邀请代表官方的专业人士过来展开调查。

2007年3月21日，经过一年的准备，"复活"之后的"猎鹰1号"进行了第二次发射，由于之前的点火试验很成功，

第四章
东山再起：创业家的觉醒与开拓

马斯克对这次发射充满了信心。当"猎鹰1号"顺利升空之后，平稳地飞行了几分钟，负责监视的工程师们渐渐放松下来，因为报告显示火箭正在以最佳的状态运行着。又过去了3分钟，"猎鹰1号"的第一级解体，控制室内刚才还紧张的人们发出了欢呼声，进入第4分钟以后，整流罩顺利张开，火箭的第二级准备被送入轨道，直到第5分钟，"猎鹰1号"依然表现得让人满意，就在这时火箭忽然发生了摇摆，所有设备处于失控状态，之后迅速在空中爆炸解体。

经过对残骸进行分析，团队找到了爆炸原因：火箭推进器燃料在消耗之后，剩下的燃料开始搅动，从而引起了火箭的不规则摆动，结果被撕开了一个缺口，导致空气进入后点燃了燃料，引发了爆炸。尽管这次发射未能成功，但是"猎鹰1号"达到了300公里的升空高度，这对于马斯克来说或许是一种安慰。因此，他这样总结："宇宙火箭的开发无疑是一项压力巨大的事业，但我对这次的结果并不感到失望，不仅不失望，我还十分高兴。"

此时来自外界的声音是混杂的，有恶意的，也有善意的，还有观望中立的。不过马斯克已经学会适当地装聋作哑，他知道这时候打口水战毫无意义，只有让"猎鹰1号"

上天才能堵住这些人的嘴。当然，这次失败对马斯克来说打击不小，因为准备时间远远超过了上一次，而他手头积攒的资金也消耗殆尽。尽管如此，马斯克还是表示自己不会放弃，可是他能够筹措到的资金也只够再发射一到两次。

2008年8月3日，"猎鹰1号"第三次升空，然而仅仅过了2分钟，火箭就开始震颤，最终和地面失去联系。值得注意的是，此次发射的"猎鹰1号"上搭载着分属美国国防部和美国航空航天局的3枚人造卫星，此外还有208名希望将骨灰撒向太空的死者骨灰，然而他们的临终意愿再也无法实现了。

遭遇三连败，马斯克在探索太空的路途上远不如在互联网世界那样顺风顺水，可以说是一路逆境。不过他的思维没有混乱，在"猎鹰1号"继续准备下一次发射的同时，他也没有忘记对"猎鹰9号"的设计开发工作。

因为吸取了之前的教训，工程师团队在制作设计讨论书的时候小心翼翼，在完成之后提交给NASA，等待专家们批准。因为"猎鹰9号"是基于NASA主导的COTS（商用现货供应）计划，该计划的主要目标就是用运载火箭向国际空间站运送物资，所以必须通过申请才能发射。

这一次，NASA加强了和SpaceX的合作深度，他们

第四章
东山再起：创业家的觉醒与开拓

计划用"猎鹰9号"搭载全新的一种宇宙飞船——"龙飞船"。

马斯克用来实现天地往返的航天器名字叫"龙"，也就是英文的"Dragon"。虽然Dragon在西方通常指的是恶龙，但是马斯克并不介意词源背后的故事，在他看来，恶龙如果飞得比好龙更高更远，恶一点又有什么呢？从技术角度看，载人航天器需要的是大火箭，它们不可能被重复利用，这就更增加了设计和制造难度，也需要投入一笔巨额的经费，如果有人能突破这一技术障碍，改变的不只是科技瓶颈，而是人类的整个航天时代。

2008年9月28日，在经历多次失败之后和6年多的努力，SpaceX终于成功发射"猎鹰1号"火箭，将首枚非政府火箭送入太空，全世界都为之喝彩。

此时此刻，马斯克恍如一位赢得终局的赌徒。

马斯克虽然不喜欢赌博，但他却有超级赌徒的胆量。这种赌博胆量源于自信、自律和自我努力。如果是别人，有谁敢在"猎鹰1号"还停留在失败的阴影下去研究"猎鹰9号"和"龙飞船"呢？马斯克敢于这样做，是因为他不仅要总结眼前的失败，还要着眼于未来，因为火星对他的诱惑力实在太大了。马斯克不断产生供人们嘲笑的谈资，但是在人们的嘲笑声过后，他也距离正确答案越来越近。

收购SolarCity：新能源时代的布局

如何看待爱吹牛的人？看他在吹牛之后干了什么。

当年李小龙在美国上大学的时候，有一次在校园活动上公开挑战空手道，说空手道只是花拳绣腿，他一个人就能打败一个空手道团队，结果他一路从美国打到日本，不少黑带高手纷纷倒下。所以，衡量一个人是否在"吹牛"，要看他到底是否具备相关的能力。

论起"吹牛"，马斯克绝对不输别人，除了送人类去火星这种"超级牛皮"，他还"吹"了一个有关"太阳""人类""新生活"的牛皮，当然他随后付诸了行动。

2016年8月1日，马斯克正式收购了SolarCity，这家太阳能面板制造商当时负债累累，而马斯克以全股票交易的方式合并了这家估值26亿美元的公司，堪称一次大手笔的投入。

能源，是马斯克改变世界的另一个组成部分。事实上，在人类的文明演化中，能源一直是非常重要的指标。研究地外文明的科学家们，总是把能源的消耗看成是文明等级

第四章
东山再起：创业家的觉醒与开拓

的象征，比如地球文明目前处于 0.7 级（指对地球自身资源的利用率），之所以连 1.0 都不到，是因为我们目前主要开发的能源都是来自于母星。人类能否大幅度利用母星之外的能源，代表着我们的文明进化程度，而太阳就是我们要"榨取"的目标。

从祖居地球迁移到火星是一项投入浩大的工程，在 SpaceX 如火如荼地研制火箭时，马斯克开始思考另一个问题：移居火星不仅需要航天器，还需要另外一项重要技术——太阳能。如果没有太阳能，火星上的地球动植物如何生存呢？毕竟带到火星上的能源是有限的，人类只能来一次"火星七日游"，想要长期移居怕是只能先变成骨灰。

不仅火星需要能源，当时马斯克兴建的特斯拉电动车充电站，一样需要太阳能作为电能补充。这样看来，马斯克下一个战略重心就是太阳能。说到这里，不得不提马斯克的一个天才表弟。

这个表弟名叫林登·赖夫，他从 12 岁时开始经商：通过向成年人教授交际舞赚钱。赖夫在 17 岁时创办了他的第一家医疗用品公司，月收入高达 2 万美元，后来将其出售，像马斯克一样移民到美国继续从事商业活动。紧接着，赖夫和他的哥哥一起创办了一家远程服务管理软件公司，名叫 Everdream，将业务做得风生水起，连 IBM 这样的巨头都在关注他们。然而赖夫在 2006 年离开公司，随后和一个叫皮特·赖夫的朋友开始创业。2006 年 7 月 4 日，林登·赖夫和皮特·赖夫以联合创始人的身份，在加利福尼亚州的福斯特城成立了 SolarCity（中文名叫"太阳城"）。

SolarCity 是一家致力于光伏发电项目的公司，它创立的主旨是：因为人类使用的能源正在破坏生态环境，而且已经进入恶性循环的怪圈，只有减少二氧化碳的排放量才能保护地球，而完成这个目标的关键就是广泛采用新能源。

在对待新能源的态度上，赖夫兄弟和马斯克不谋而合，很快 SolarCity 就顺理成章地进入了马斯克的商业链条中。

光伏是太阳能光伏发电系统的简称，它是依靠太阳电池半导体材料的光伏效应，将太阳光辐射转化为电能的一种新型发电系统。这是一项走在时代前列的技术，却受制于高昂成本，导致转化成本和直接买电成本不相上下。当然，不是所有人都是短视的，一些有远见的人意识到清洁能源的发展前景，他们也在给这个行业创造更多的机会，没让它可怜地胎死腹中。

有识之士终究是少数群体，很多用户并不能接受光伏发电，因为要想使用它就必须安装太阳能板，这就增加了

第四章
东山再起：创业家的觉醒与开拓

不少额外工作，比如如何安置太阳能板以及如何重新规划家里的光照系统等，加上成本也不算很便宜，种种因素让更多的人望而却步。

赖夫兄弟倒是和马斯克一样倔强，他们没有被市场的冷遇吓退，反而不断寻找突破口改变行业现状。幸运的是，当时美国政府大力扶持光伏发电，通过吸引大量的税务基金来投资屋顶光伏发电系统。这样既能让投资人实现税收减免红利，又能通过出租或出售电力来创收，从而使光伏发电业务在美国逐渐铺开。

美国政府大力支持，马斯克自然也不会袖手旁观，他不仅为 SolarCity 提供了资金上的援助，还给赖夫兄弟提了不少宝贵的建议，后来他也顺理成章地成为 SolarCity 的董事长。不过马斯克上任以后意识到一个尴尬的问题：SolarCity 不能生产太阳能板，完全都是靠采购获得。按照马斯克的个性，连火箭都造上天了，区区太阳能板为什么不自己制造？但问题在于，他当时要同时忙于 SpaceX 和特斯拉的生产，这让他无暇去顾及太阳能板的生产，只好将经营策略锁定在产品的市场化上。

当时，马斯克设计了一套可以帮助用户分析电费账单和房屋地理特性的软件，目的是判断他们安装太阳能是否划算。另外，公司还打造了一个可以帮助用户月租使用太阳能板的财务系统。这些策略的改善，都让光伏发电变得又便宜又人性化，给了更多吃瓜群众试吃的机会，基本盘做大了，业绩表也就好看了。

2012 年，SolarCity 在纳斯达克上市，当时它的市场占有率毫无悬念位列第一，不过太阳能板的成本还是比较高。就在这时，中国的太阳能板大量进入美国，直接拉低了太阳能板的市场价格，也让更多的用户开始尝鲜。马斯克为此欣喜若狂，因为他把 SolarCity 看成是人类未来生活的主力能源。

为了增加创收渠道，SolarCity 在 2014 年开始销售储能系统，该系统可以帮助用户将收集的太阳能储存起来，在遭遇用电高峰时切换为电池供电，由此节约一大笔电费，而至关重要的电池正是由特斯拉生产的。不久之后，SolarCity 出资 2 亿美元收购了一家太阳能电池制造商，这代表着马斯克的经营策略发生了变化：他们不再向供应商购买太阳能板，而是自主生产，这真的很"马斯克"。

2015 年，SolarCity 似乎走上了高速发展的轨道。当时马斯克给它设定的目标是力争成为全美最大的电力供应商，虽然距离这个目标还很远，不过马斯克仍然要争取成为行业的领头羊。就在当年，赖夫兄弟投入了大量资金，让 SolarCity 的设备安装量上涨了 73%，这也造成了短期内的营业收益为负的尴尬局面。

马斯克并不在意 SolarCity 短期内的收益如何，因为清洁能源代表的是人类未来的生活状态，本来就需要经历一个过程，盈利不过是迟早的事情。马斯克不仅要在美国推广清洁能源，还要走向全世界。2015 年 10 月 22 日，马斯克在清华大学伟伦楼做报告，引起了一片掌声和欢呼声，后来马斯克表示要在两年之内让 SolarCity 进入中国市场。

时至今日，中国并没有迎来马斯克的 SolarCity，背后的原因是复杂的，不过可见的原因是 SolarCity 的发展模式正在让自身陷入困局，最典型的问题有两个：一个是 SolarCity 的商业模式是预先支付安装光伏组件费用再让房主支付成本，这意味着公司必须不断追加现金投入，赖夫兄弟就是这样撑不下去才将公司卖给马斯克的；另一个问题是 SolarCity 的太阳能屋顶产品遭受质疑，有人认为其存在技术造假问题……众说纷纭之下，一些人开始唱衰 SolarCity。但是，马斯克依然没有放弃。

马斯克说过大话，这也让他受到了不少质疑，可决定人类生活状态的不单纯是科技，还有想象力，想象力的上限越高，我们改变世界的可能就越大。

马斯克曾经表示，SolarCity将成为全球唯一的垂直一体化能源公司。虽然SolarCity发展到今天有些不温不火，可当年的SpaceX和特斯拉不也是如此吗？毕竟能源研究是一个超级大项目，想要在体量上占据优势，总是要花费一些时间的。不过马斯克还是充满自信，他认为只要SolarCity能继续挖掘潜力，特斯拉的汽车和SpaceX的火箭就能借力发力，或奔驰或翱翔，带着马斯克的野心走得更远。

ELON MUSK

第五章

梅开二度：
跑步进入新能源时代

由碳排放引发的新思考

有的人，思维是线性的，只能从 A 联想到 B 或者从 1 推导出 2；有的人，思维是非线性的，可以从 A 联想到 2，还可以从火箭推导出汽车，这个人就是马斯克。

火箭和汽车，看起来都是运载工具，但极少有人同时做这两个项目，因为它们的跨度实在太大，也没有齐头并进的实际意义。然而在马斯克眼中却不同，他关注着人类在未来移居火星这个宏远目标的同时，还在筹划着一个新的创业方向——电动汽车。

这个想法不是突然冒出来的，马斯克在上大学的时候就在思考一个问题：现在地球上的二氧化碳排放量越来越大，已经引起了严重的环境污染问题，想要彻底解决汽车尾气的排放，那么只有走开发无污染的电动汽车这条路。

马斯克的想法和美国社会的生活环境有关。美国是汽车大国，公共交通不发达，人们居住分散，没有车就等于没有了腿，所以大量的汽车在美利坚的土地上驰骋着，这就引起了严重的环境污染，所以一直有人倡导推广电动车，但是这个过程并不顺利。毕竟，燃油汽车从问世至今已经存在了一百多年，虽然槽点不少，但是真正要找到取代它的能源并不容易，这不仅仅是有关动力技术的问题，还涉及大众的消费观念以及一大批汽车厂家的根本利益。

马斯克又一次因为现实和理想的冲突产生了孤独感，他需要有志同道合者跟他一起谋划这个宏大的项目，很快一个名叫马丁·艾伯哈德的人走进他的视线。艾伯哈德比马斯克年长11岁，拥有电气工程硕士学位和电脑信息技术双学位，曾经创办了和互联网有关的两家公司。他是一个充满社会责任感的工程师，和马斯克一样对人类当前的生态环境极其不满。艾伯哈德认为，现在世界的汽车制造业对中东的石油过分依赖，必须采用新能源才能遏制地球变暖。于是，艾伯哈德自己动手设计了一个电动车的技术模型，制造出符合动力学的新型载具，然而整个过程并不顺利。因为艾伯哈德缺少研发的资金、技术和经验，而当时美国的电动车市场主要是靠富裕的环保主义者支持，这

第五章
梅开二度：跑步进入新能源时代

就把电动车定位成了"有钱人的玩具"。

2003年，艾伯哈德排除万难，在加利福尼亚创办了一家电动制造公司，名叫特斯拉。这是为了纪念19世纪伟大的发明家尼古拉·特斯拉，因为目前全球的配电系统基本上都在使用特斯拉的交流电。

艾伯哈德成立特斯拉公司以后，遭遇着和马斯克初创SpaceX时相似的困境：办公环境简陋，人员稀少，资金短缺，而研发汽车的难度不比研发火箭小多少，因为把一张复杂的设计图纸变成结构更复杂的原型车会遇到各种意料之外的难题。不过，艾伯哈德却有着和马斯克一样的乐观精神，他认为只要发明出性能强劲的电动机就完成了关键的一步。可惜的是，艾伯哈德缺少一个大型工厂。

缺少工厂这种事在汽车行业不算新鲜，如今全球很多知名汽车制造商都不自己生产汽车，只是研发属于自己的内燃机，至于那些无关紧要的零部件都是让别人生产，这就堵死了特斯拉想要从市场上购买成品零部件的渠道，毕竟公司规模小得让人看不见。后来，艾伯哈德找到了AC推进器公司，想要从该公司获得车型的技术授权，但是要为此支付一大笔钱，他东挪西凑也没弄到，就在这时他遇到了马斯克。

艾伯哈德之前听过马斯克将老鼠送上太空的演讲，他觉得这个大个子土豪和别的企业家不同，他想法独特、思维开阔，也许能够接受电动车这种新生事物。结果不出艾伯哈德意料，他和马斯克一拍即合，马斯克马上拿出650万美元作为投资并获得了在特斯拉的话语权。

如果时光能够倒流，相信艾伯哈德一定会为这个决定后悔，他没有想到马斯克的控制欲这么强，较为合适的方法是让其他投资人也注资特斯拉，这样就能用各方的势力平衡权力，免得让某一方一家独大。

世界是一个巨大的多边形，站在不同的角度看到的景象是不同的。以艾伯哈德的视角，马斯克像是一个前来夺权的危险分子；可是站在马斯克的视角，他认为只有自己才能把控特斯拉未来的发展方向。后来的事实证明，从马斯克的视角看，世界会更美丽。

有意思的是，喜欢电动车的不只艾伯哈德，一个名叫斯特罗贝尔的人随后也走进了马斯克的团队。斯特罗贝尔从14岁时就迷恋高尔夫球场上的电动球车，还曾经将几种化学溶液混合在一起炸伤了脸，这和马斯克在后院放火箭有的一拼。后来，斯特罗贝尔在斯坦福大学拿到硕士学位后进入罗森汽车公司工作，专门研究混合燃料动力，再

第五章
梅开二度：跑步进入新能源时代

后来他又和一家宇宙航空公司一起创业研究氢发电的飞机。在马斯克成为硅谷的新贵以后，斯特罗贝尔认为他们是一路人，就找到马斯克寻求资金支持。

斯特罗贝尔的求助得到了马斯克的回应，他认为这是一个非常好的创意，由此两个人成为知音。紧接着，斯特罗贝尔带着马斯克找到了在 AC 推进器公司工作的朋友，了解了他们如何生产玻璃纤维车体的原型组装车。马斯克还试驾了其中的一辆，这让他怦然心动。他认为，电动车只要采用了如此炫酷的车型就能改变人们对它的不良印象——早期的电动车外形普遍笨重难看。

马斯克终于打定主意：制造轻量型的电动车，它代表着未来。

2004 年 5 月，马斯克以 9.5 万美元的年薪聘用了斯特罗贝尔，斯特罗贝尔和特斯拉的团队成员见了面，斯特罗贝尔对艾伯哈德带来的团队也产生了合作的欲望，毕竟在这个世界上对电动汽车感兴趣的人寥寥无几。随后斯特罗贝尔告诉马斯克，他的团队正在研发艾伯哈德所需要的电池。

至此，特斯拉的三驾马车终于归位，马斯克信心满满。这一次，他要再度用硅谷精神创造奇迹，当然他不是和马克·扎克伯格合作，也不是和拉里·佩奇合作，他要和一群另类的汽车疯子合作，这是他的选择，也是他的宿命。

解决问题的关键是重新定义动力

人类是如何发展的？或许有人认为是不断地建设，其实不然，人类的发展依靠的是破坏。当奴隶制度被封建制度破坏后，生产关系有了变革；当手工业被机器大生产破坏后，生产力有了发展……革命不仅作用于政治领域，更常见于经济领域，它所产生的变化往往能够深度作用于人类社会，而实现这一切的，往往需要一个理智的疯子。当然，一个疯子不可怕，因为他得不到别人的合作和认同，一群疯子就不同了，他们会取长补短，为了实现他们"疯狂"的梦想不惜一切代价。

在研发电动车的道路上，马斯克就是一个疯子，他还找了一些志同道合的疯子与他一起狂奔在这条少有人走的道路上。2004年，马斯克正式出任特斯拉的董事长，艾伯哈德出任首席执行官，斯特罗贝尔出任首席技术官。三个狂热的电动车迷，开始带动特斯拉在新能源的探索之路上高歌猛进。

第五章
梅开二度：跑步进入新能源时代

特斯拉和一般的汽车制造企业不同，它没有多少顶尖的工程师，不过是一群汽车爱好者，他们的设计和生产原理也没有经过实践的检验，看起来都是在纸上谈兵。按照一般的商业逻辑，马斯克应该从老牌汽车制造商那里取经再来带领团队寻找突破口，可是马斯克并不按常理出牌，而是通过组建年轻团队的方式去探索一个未知的领域。

马斯克认为，只有敢于反抗传统的叛逆精神，才可能具有产生新生事物的生命力，而他团队中的年轻人就是新生事物的传道者，虽然技术不是一流，但是能够理解时代发展的方向，电动汽车对燃油汽车的颠覆就是对硅谷精神的诠释。

由于斯特罗贝尔在斯坦福读书时认识了不少技术过硬的工程师，所以他很快为特斯拉招募了一批技术人员，很多人仅仅是见了马斯克一面就决定入伙，不是因为高薪资的诱惑，而是因为研发电动车这个想法太酷了。

斯特罗贝尔在招兵买马，马斯克则在招商引资，因为他的个人资产大部分投入到了 SpaceX 上，所以他要从别人的口袋里拿钱去养活电动车研发项目。2004 年，马斯克经过第一轮融资为特斯拉弄来了 750 万美元；2005 年，他又融资 1300 万美元；2006 年，他不费吹灰之力就融资

4000万美元,"谷歌小子"拉里·佩奇和谢尔盖·布林、eBay的原总裁杰夫·史科尔都是背后的金主。

马斯克有了足够的启动资金,接下来要考虑的就是生产何种类型的产品,他在分析了当前的汽车市场之后,认为矮胖的车体设计太落后,应该设计跑车造型的电动汽车,因为马斯克觉得跑车造型的汽车是任何一个车迷都喜欢的。为了细分市场,特斯拉设计出针对不同人群的三款车型:2万美元的大众车型、5万美元的中级四门轿车以及10万美元的高级双人座跑车Roadster。

设计思路有了,接下来就是如何突破技术难题,也就是如何将电动动力和跑车造型完美地融为一体,这必须有专业人士参加。马斯克经过考察,决定和英国的莲花汽车公司签订开发电动跑车的合作协议。

莲花汽车早在1952年就诞生了,主要从事赛车的制造生产。1996年,莲花公司的莲花Elise轻型跑车受到全世界车迷们的喜爱,而Elise跑车的造型是流线型,外表采用纤维强化塑料,车体则是由铝合金打造而成,这正是马斯克心目中的理想造型。

车身重量是电动车需要重点考虑的因素,因为电力无法和燃料相比,车身过重就会降低车速。为了走捷径,特

第五章
梅开二度：跑步进入新能源时代

斯拉最初的计划是将制作好的电动汽车行驶系统直接装到莲花 Elise 的身上。工程师们分析了莲花汽车的基础软件系统后发现，莲花车的底盘无法直接被特斯拉所用，这是因为它的车身存在缺陷：一英尺（约合 0.3 米）高的车门要求驾驶员必须跳进车里，这可不是追求潮流的电动车迷喜欢的，所以只能重新设计。马斯克为了优化驾驶体验感，专门制造出了几十种专门供试驾的模具，另外还对电动汽车的耐用性和续航反复测试。

马斯克的团队经过一年的测试和调整，最终设计出了理想的电动车形态，可是图纸上的车是拉不动驾驶员的，他们要马上制作原型车。起初，马斯克的计划是和 AC 推进器公司合作，然而因为理念不同告吹。于是，马斯克式的思维又开始运行了：你不做我就自己做。

马斯克立即制订生产计划：特斯拉设计电动机，从美国购买变速器，从亚洲购买其他零部件。斯特罗贝尔负责原型车的制造，虽然这个团队人数不多但个个是狂热分子。马斯克对这支队伍十分满意，他说："特斯拉就像黑暗中的启明星。结果，电动汽车的引入使它的发展进程又加快了 5～10 年。"

电动车的核心部件是电池组，也是检验特斯拉设计和研发能力的关键。马斯克的想法是把几百块锂离子电池整合在一处作为电池组。这听起来简单，实践起来却并不容易，然而特斯拉的工程师团队还是做到了：他们将 69 枚直径 18 毫米、长 65 毫米的圆筒形电池并联以后做成了一个长方形固体，再将这个固体串联起来形成电池片，然后再把 11 个同样的电池片连接成了电池组。经过多次测试后，团队认定，这个电池组有着良好的性能，哪怕其中有几块电池出问题也不会影响到整个电池组的正常工作。

特斯拉的工程师团队牛在哪里？牛在他们能把一大堆造价低廉的普通电池集中起来，形成一个功能更加强大的电池组，这是一种不亚于制造电池本身的技术突破，成为马斯克引以为傲的技术优势之一。由于电池在使用时会持续发热，而散热差会弱化电池的性能，因此每块电池需要依靠水冷的方式增强散热能力，它的圆筒形结构的设计就是为了平衡温度。为了实现高效的温度管理，工程师们把几十块电池黏合成一块完整的超级大电池，目的是研究电流的传导规律。

开拓者的路不好走，他们在吸引世人目光的同时也为自己拉满了仇恨，因为他们在用行动告诉你：你以前的选择是错的，我们来帮你纠正。

第五章
梅开二度：跑步进入新能源时代

特斯拉的 18 位工程师顶住压力，最终制造出了原型车，马斯克得知消息后激动万分，立即召开董事局会议决定继续投入 900 万美元。几个月以后，特斯拉又制造出了第二辆原型车。在马斯克眼中，他们距离成功越来越近了。

没过多久，一个严重的问题出现了。

这个问题的发现十分偶然。2005 年 7 月 4 日，特斯拉的工程师团队去艾伯哈德家中庆祝美国独立日，正当大家玩得不亦乐乎时，有人忽发奇想，把 20 块电池绑在一起装上引信，没想到点着以后，电池像火箭一样飞了出去然后炸裂开来，这个场面让大家都被震惊了，他们没想到电池受热后会发生如此惊人的爆炸。要知道，原型车的电池组包括将近 7000 块电池，一旦受热爆炸，那场面不亚于"猎鹰 1 号"坠落。

爆炸，成为特斯拉电动车的重大隐患。

电动车和燃油车相比具有两大优势：第一是环保；第二是远离易燃液体比较安全。可是特斯拉的电池在发热后会爆炸，这种破坏力比燃油车还猛烈，谁敢驾驶这个"陆地火箭"？顿时，工程师的狂欢派对变成了集体反思，他们终于从前期研发的一路顺风中清醒过来，开始着手解决电池散热问题，并成立了专门团队测试电池爆炸。

第一次爆炸是在特斯拉的总部进行，虽然没有发生意外，不过很多人认为这对公司太危险了，于是测试团队将爆炸试验转移到一块专门的场地。经过多次试验，工程师们终于进一步了解了电池内部的工作原理，也找到了防止爆炸的办法。然而，这种爆炸试验简直就是在燃烧美元，特斯拉为此购买了几千块电池。不过，这也让特斯拉的电动车性能更强，安全更有保障。

从设想到破坏，从破坏到研发，聚集在特斯拉的这群汽车疯子们，正在悄无声息地进行一次汽车动力革命，马斯克正是把电能应用扩大到其他领域的拓荒者，这不是在对内燃机下战书，而是对人类的傲慢、固执和想象力下战书。对马斯克而言，电动车代表着颠覆，它颠覆的不仅仅是技术，也包括人们在工业和生活领域的既有认识，当然这还不够，因为它还没有让全世界的人为之颤抖。

新品降生："超跑" Model S

人是颜控的高级动物，这不仅是针对同类，也针对他们选择的坐骑。一款汽车的外形决定了它在市场上受欢迎的程度。特斯拉想要让人们认同电动汽车，就必须推出几款明星产品，打造自己的"流量小生"，既有营销价值也有品牌意义，在此背景下，Roadster 诞生了。

Roadster 是特斯拉打动消费者的王牌，无论从外形还是性能上，这款电动跑车都独树一帜，它采用了 100% 的电动化设计，采用航空专用的铝合金材质，兼顾了轻量化和坚固化。陶瓷轴承增强了使用寿命，发动机的转速达到每分钟 14000 转（日常轿车的最大转速可在 6000～8000 转），充一次电能行驶 394 公里，创下电动汽车的续航新纪录。

马斯克说："我们制造的电动汽车不是环保车，而是高级跑车。"这句话就是 Roadster 最好的广告语。Roadster 和其他燃油车在驾驶体验上有很大不同，它没有发动机的噪音，无论驾驶员打火还是踩油门都听不到任何噪音，而中控台布局也十分简约，从启动到加速的过程十分流畅。马斯克表示，任何乘坐 Roadster 的人都会惊讶它的良好反应能力，驾驶员就像是和车融为一体，感觉自己拥有超能力一样。

Roadster 不仅在体验上优于燃油车，也克服了传统电动车的缺陷。这让马斯克拥有了绝对的自信，所以不菲的售价会吸引有购买能力的消费者，也成为 Roadster 对外推广时的卖点。

2006 年，特斯拉招兵买马，员工增加到 100 人。当年 7 月，特斯拉制造出了一辆红色原型车，成为上一个黑色款的补充版本。特斯拉将黑红两辆汽车放在一场展示会上完美亮相，引起了媒体和大众的广泛关注。不少人第一次看到 Roadster 以后，就深深迷恋上了这款双座敞篷的电动跑车。它从起步到加速只需 4 秒钟，简直可以用"快如闪电"来形容。

马斯克十分满意 Roadster，他认为其他厂商生产的电动汽车不值一提。在这次宣传展会上，时任州长的阿诺德·施瓦辛格等社会名流也出现在现场，他们对电动车都充满好奇，几乎每个人都亲自乘坐了这辆跑车。展会结束，一共有 30 个人预订了 Roadster，大多数是商界和政界的大咖。马斯克似乎看到了成功正在朝自己招手，他表示特斯拉将在未来 3 年内推出一款价格更便宜的四门车型。这个消息让一直关注电动汽车的人们异常兴奋，而马斯克似乎也被满满的自信弄得智商下线。

为什么说马斯克智商下线？因为 Roadster 存在一个比较致命的问题，就是散热。由于电池组比较娇贵，汽车开出一段距离之后需要手动散热，否则就会出问题，不过当

第五章
梅开二度：跑步进入新能源时代

时坐在车里的社会名流们似乎没有发现。

马斯克一面发布未来生产新的电动汽车的消息，一面开始宣传特斯拉的品牌价值，为此登上了《纽约时报》。他宣称，Roadster 预计会在 2007 年年中交货，比之前所说的 2006 年要推迟一些。与此同时，马斯克也向媒体和大众公布了他的商业计划：从少量高价产品开始，在核心技术提高之后再去增强制造能力，这样就能将相对奢侈的电动汽车变成大众消费品。

马斯克的这套商业策略，其实是复制了硅谷的成功经验：一个新生事物先从新技术发端，等到技术成熟之后再降低成本和售价，在商业策略上从精品路线变为大众路线。

这一次《纽约时报》的宣传帮助特斯拉完成了形象推广，却没有拿出更多版面介绍马斯克，这让他大为光火。当然，这倒不是马斯克想要刻意宣传自己，而是特斯拉已经成为汽车制造业中的热点话题，社会精英都在谈论它，如果马斯克能够在这个新的团体中享有知名度，对他的商业帝国有重要的推广作用。

Roadster 无疑成了汽车界的顶级超模，很多汽车巡展的主办方都极力邀请这位超模出现在自己的 T 台上。特斯拉收到了雪片似的订单，有些来自硅谷的企业家为了得到一辆Roadster，直接绕开了销售部而去特斯拉总部购车。

马斯克知道自己在营销策略上为Roadster打出了黄金开局，可他很快也冷静下来，因为他知道公司还是要将主要精力放在产品研发上，毕竟技术的进步日新月异，一旦遗漏了某个环节的技术更新就可能被反超。于是，马斯克借助先进的计算机建模技术让特斯拉的汽车在细节上超越了很多大公司的主打产品，比如他利用实测和计算机模拟的方式进行汽车碰撞测试，比传统的方式节省了一大笔费用。

先进的精神总要伴随先进的方法，马斯克推崇的硅谷精神衍生了硅谷方法。当时瑞典有一个专门用于测试汽车的赛道，当别的厂商用真车进行为期几天的测试时，特斯拉的工程师一边驾车一边在电脑上分析数据，在相对较短的时间就完成了测试，极大地提高了特斯拉的工作效率。

和"猎鹰1号"相比，Roadster的研发过程并没有简单多少，因为汽车一旦出现问题就可能导致驾驶员、路人以及其他驾驶员的受伤甚至死亡。所以电动汽车的安全性是马斯克最关注的问题，艾伯哈德也意识到了这个问题，他在公开场合中说："汽车事故和电脑故障完全不同。"

马斯克为了制造出新动力、安全系数高、外形炫酷、驾驶体验良好的汽车,让特斯拉上下员工都紧密团结在一起。他们做好了面对可能会遇到的挫折、注定要出的丑的准备,在试错中不断前进,而马斯克则在等待未来奇迹的出现。

前进受挫,距离破产只有一步之遥

世界上有作死失败,也有作死成功。从过程上看,二者区别极其微小,但在结果上却是截然相反。作死失败,就像是吃下了毒药,经历一番绞痛挣扎之后,最终一命呜呼;作死成功,就像是吃下了猛药,经历一番发热阵痛,最后涅槃重生。所以,判断"作死"值不值得,不要只看作死的形态,而是要剖析作死的内核。

2007年,特斯拉已经发展成为拥有260名员工的大公司。他们从零开始,设计并制造出了全球速度最快、最炫酷的电动汽车,在市场上也拥有了一批忠实的拥趸。虽然只有两辆原型车,但这足以让马斯克信心十足。他不断传递给团队一个观念:要让汽车在用户眼前一亮,从外观上超越普通的燃油车。

尽管这个时期"猎鹰1号"发射失败,不过人们依然对马斯克报以信任，很多人都期待特斯拉能够生产出划时代的产品。从产品定位的角度看，Roadster 是高级跑车，售价将近 11 万美元，很多名人成为第一批吃螃蟹的人，比如著名影星莱昂纳多·迪卡普里奥、布拉德·皮特等，然而此时的马斯克并不轻松。

电动汽车不仅烧钱而且工艺复杂，由于 Roadster 的第一批预订量只有 2500 辆，所以马斯克选择了只接受少量订单的厂商，没想到他们是"慢工出细活"的代表，生产速度和蜗牛有一拼，直接导致了 Roadster 出货速度的低下，很多预订用户迟迟拿不到车，也让特斯拉面临资金链断裂的危险。

前行的道路避免不了失败，但要避免的是不能从失败中汲取教训，此时的马斯克意识到自己忽视产能带来的恶果，更糟糕的是特斯拉的领导团队也出现了问题——友谊的小船又一次翻了。

在特斯拉刚成立的几年中，艾伯哈德是工程师中的大咖，每当特斯拉需要制定一项策略时，艾伯哈德总能带领团队检讨错误，然后快速进入下一个工作环节，和马斯克的小心谨慎形成鲜明对比。很快，这种思维上的差异在设计环节出现了矛盾：马斯克提出要将门把手设计成触摸板

第五章
梅开二度：跑步进入新能源时代

式，艾伯哈德却认为这会增加成本；马斯克认为车门下方的车体侧梁应当更低，艾伯哈德认为这会增加工作量……由于两个人动不动就要博弈一下，导致设计工作进展缓慢，让本来就遭遇产能危机的特斯拉雪上加霜。

随着时间的推移，决策层的小分歧逐渐演变为意识形态层面的对立，为特斯拉日后的内乱埋下了伏笔。显然，这又是一次观念斗争。就在马斯克为特斯拉低下的产能发愁之际，一个意外事件差点让马斯克的电动车之梦化为泡影。

原来，Roadster 的变速系统被发现存在问题，它的性能被认定极其不稳定，而且还存在严重的续航短板，为此特斯拉从底特律找来技术团队分析原因，结果找到了多达 14 个问题，而每一个问题都可能造成系统瘫痪，这让特斯拉再度推迟了交货日期，也影响到后续订单的产生。

祸不单行，此时的特斯拉还在国外惹了麻烦。当时公司派出一批年轻有为的工程师去泰国建立了一家电池工厂，他们找到了一家态度良好但能力较差的生产商合作，等到发现问题的时候已经晚了。这家生产商不仅厂房简陋，工人的素质也十分低下，工程师们只好硬着头皮先培训他们，电池的生产效率可想而知。

马斯克给特斯拉制定的供应链体系是：发动机在中国台湾生产，车身面板在法国生产，电池组在泰国生产，中国和法国这两个环节没有什么问题，唯独泰国的电池组要求很高，需要将电池组在最短的时间内送到英国的莲花汽车公司，防止电池降解，因为英国公司要组装车身，电池组必须在那里被整合到车身中。从表面上看，马斯克是在利用不同地区的生产能力和制造成本，却忽视了这些生产环节需要彼此配合，这种分配工序并没有节省多少钱，反而花费更多。

糟糕的是，马斯克将供应链问题中的部分责任归推到艾伯哈德身上，并且找了投资界的专业人士沃特金斯来给公司"看病"。经过沃特金斯的考察，他发现公司在人力成本上控制得很好，员工大多数是应届毕业生，年薪在4万~5万美元上下，技术虽然欠缺，但学习能力很强，这一点马斯克的决策是正确的。然而公司在物料成本的控制上完全相反，没有很好地让员工使用记账软件，员工在购买物料时不能根据以往的记录选择最合理的配套购买方案，同时也不了解市场。而且，更糟糕的信息是：生产一辆Roadster的成本是20万美元，而特斯拉只卖8.5万美元！即便日后能够量产，一辆汽车的成本也不会低于17万

第五章
梅开二度：跑步进入新能源时代

美元。

马斯克终于坐不住了，此时特斯拉已经收到了大量的订单，如果按照原价继续生产那就是血亏，但是贸然修改定价又不现实。当马斯克将这个糟糕的情况告知艾伯哈德之后，艾伯哈德没有想出任何应对策略，仅仅是在公司里作了一次慷慨激昂的演讲。作为创始人，他已经黔驴技穷了，但艾伯哈德向董事会隐瞒了公司严重亏损的事实，这引起了马斯克的不满。后来艾伯哈德被降职为技术总裁，为了报复，他怂恿老员工发泄不满并指出沃特金斯的某些调查数据搞错了。

这场内斗持续了几个月，员工们不得不面对一个两难选择：要么跟着马斯克走，要么站在艾伯哈德这边。

2007年，马斯克决定解雇艾伯哈德，还在报纸上发表了对艾伯哈德的谴责，两个人的矛盾再度升级。艾伯哈德认为马斯克把他当成了特斯拉亏损的替罪羊，对马斯克和特斯拉提起了诉讼。与此同时，马斯克任命迈克尔·马库斯暂时代理CEO。

马库斯是全球著名的委托制造业伟创力公司的核心人物，之前曾经出色地完成了特斯拉的订单征订任务，执行力和领导力都很强，上任后便进行了大刀阔斧的改革，只要他认为是必须解决的就马上行动。这种说一不二的工作方法看似专断,其实有利于让员工从职场政治中走出来,一门心思工作。有一次,马斯克想要增加一个有关 Smart 的小项目,马库斯知道以后立即反问:"谁才是这里的 CEO?"

此时的特斯拉已经处于倒闭的边缘,在工艺制造方面,因为电动汽车需要轻量化,所以采用碳纤维,却给喷漆造成了困难。而特斯拉研发的双速变速系统也难以实现,只有重新设计变频器和发动机才能解决问题……每一个看似无关紧要的小问题都汇集成了大问题。唯一值得欣慰的是,马库斯撤销了泰国的电池厂,重回美国本土。

特斯拉真的要经历底特律一般的没落吗?然而问题在于,特斯拉还没有真正辉煌过。但是,马斯克是不会就此罢手的。

颠覆思维,用 AI 取代驾照

在这个时代,永远都有一些所谓的有识之士,他们看到了普通人不能看到的第二层,于是妄想出了大家都没看到的第三层,然而实际上在他们之上还有第四层。关于电

第五章 梅开二度：跑步进入新能源时代

动汽车，不少有识之士认为它虽然代表着新能源产品，可终将昙花一现，时代不会选择它。

对于新能源，马斯克始终坚持自己的想法。

在特斯拉遭遇困境之际，马斯克展现出了商人思维之外的战略家眼光和头脑，他不仅不准备收手，反而要加大投资的力度，目的就是为了引起更多人的关注。不过，影响特斯拉的不仅仅是钱，还有人。马斯克对新上任的马库斯越来越不满，他认为在马库斯的带动下特斯拉的硅谷精神早已荡然无存，于是在 2007 年用格夫·迪罗里替换了马库斯。

迪罗里曾经在硅谷建立了半导体单片存储器公司，随后将公司出售给 AMD 公司，这段创业经历让他在高新技术领域掌握了丰富的经验和技术。他成为特斯拉的新 CEO 以后，进行了大刀阔斧的裁员以及各项改革，效果显著。

2008 年简直就是特斯拉的灾难年，马斯克承受了很多人都不曾承受的考验和苦难，不过他坚信可以挺过这道难关。果不其然，转机来了。当时的美国政府看到了特斯拉研究的方向是符合时代需求的，于是在 2009 年 6 月正式向特斯拉提供 4.65 亿美元的低息贷款，因为美国政府也一直倡导推进混合燃料汽车和电动汽车的研发，尤其是奥巴马上台之后，对新动力汽车的关注持续增加，美国的能源部门甚至专门成立了一个先进汽车制造技术项目，福特汽车、日产汽车以及特斯拉都在支持的名单上。

这样一来，马斯克是资金和政策双丰收。就在这时，丰田汽车也看到了特斯拉的惊人成长和现实困境，于 2008 年对特斯拉投资 5000 万美元。这个举动引起了"锂电池大王"松下电器的关注，也立即对特斯拉投资了 3000 万美元。马斯克在众多资本大鳄的援助下逐渐走出困境。

走出困境的特斯拉，一面继续研发性能更强、体验更好的电动汽车，一面开始攀高，重新定义"汽车与驾驶"。马斯克认为，驾驶员和汽车的关系并不是永恒不变的，人类完全可以从高度紧张的驾驶状态中解脱出来。

2017 年 1 月 22 日，马斯克语出惊人，他说未来 3 至 6 个月所有的特斯拉电动车都将配备全自动驾驶的硬件（遗憾的是，截至 2021 年"全自动驾驶"依然处于测试阶段，并没有普及到全部车型）。虽然这听起来雷人，但是人们也不觉得奇怪，因为特斯拉从诞生那一天开始，似乎就代表着汽车未来发展的方向，比如环保、新动力来源以及车

第五章
梅开二度：跑步进入新能源时代

身设计等等。

当特斯拉的发展史写到"2010年"这一页时，马斯克开始关注触摸屏和自动驾驶仪这两个内容。马斯克之所以关注触摸屏，是因为这在当时是领先传统汽车的优势，既能给用户极高的操控体验又符合电动汽车的科技属性。但是时针指向2013年以后，马斯克更关注的就是自动驾驶了。

马斯克为何要跟驾照过不去呢？这是因为马斯克认为电动汽车的主要受众是思维超前的，基数不大，但是胆子不小。随着人工智能的发展，必然会有越来越多的人尝试接受某些新鲜事物。对此，Facebook的CEO马克·扎克伯格表示，他同意马斯克对自动驾驶技术的一个观点——自动驾驶能够挽救生命，这项技术必将得到普及。

听起来，这个观点像是大佬们在说大话。其实从长远发展的角度看，无人驾驶汽车会随着硬件和软件技术的提升不断完善，但人类的驾驶技能并不会同步增强，因为人类的理性会受到情绪波动、认知障碍、视觉盲区等诸多因素的影响，这些因素正是一些交通事故的罪魁祸首，所以普及自动驾驶技术就能避免很多危险。

由于马斯克一直关注人工智能技术，因此他对自动驾驶的未来充满信心。虽然特斯拉开发出的自动驾驶系统曾经引发过交通事故，但马斯克却保持乐观态度。他认为自动驾驶汽车永远不会做到完美，因为这个世界本来就没有完美的东西；不过从长远来看，自动驾驶能够让交通事故的数量降低 10 倍。

2014 年，马斯克在新款 Model S 的发布会上宣布"特斯拉的自动驾驶技术让你能拥有私人过山车"。正当人们议论纷纷之际，当年 10 月特斯拉就正式发布了"Autopilot"1.0（自动辅助驾驶）系统。

"Autopilot"系统的传感器使用了一个前置摄像头、一个前向毫米波雷达以及围绕车身一周的 12 个超声波雷达。虽然它还不能完全实现全自动驾驶，更多的是增强驾驶的舒适性和安全性，但它已经开始尝试替代人脑驾驶汽车。这意味着一个新的时代开启了。

有先行者，就有追随者。2015 年 10 月，三位毛遂自荐的司机驾驶特斯拉穿越整个美国，全程耗时 57 小时 48 分钟，平均时速达到了 84 公里，其中在自动驾驶模式下开到了时速 145 公里，这时汽车是完全处于无人监管的状态。不过，一位司机老实"交代"了当时情况很危险，因为自动驾驶系统似乎并不能防止汽车冲下高速公路。

第五章
梅开二度：跑步进入新能源时代

这一次的试驾结果完全在马斯克的预料之内。因为他知道"Autopilot"目前还不是完美的事故屏蔽器，所以还要对它积极进行改进。"Autopilot"的演化过程遵循着"硬件先行，软件更新"的原则，即每一台特斯拉汽车先配备最新的硬件，然后不断更新软件，让自动驾驶功能逐步完善。

2016年10月，特斯拉发布了"Autopilot"2.0版本，这个新版本的核心内容由主动巡航控制、辅助转向以及自动变道三大模块构成，可以进行防撞辅助计算、车速辅助计算等功能，当然驾驶员还是要手动操控方向盘。

2019年4月，"Autopilot"3.0版本上线，马斯克认为它使用了世界上最好的芯片。马斯克的确不是在吹牛，因为3.0版硬件的计算机部分配备的是一台神经网络计算机，其处理能力相比于前代提升了10倍。

目前的自动驾驶技术虽然仍存在一些问题，还不能真正让驾驶员对汽车完全撒手不管，但这个瓶颈并非是不可突破的，因为自动驾驶这个概念并不违背常理，只是马斯克需要带领特斯拉闯过一条布满荆棘的路。与此同时，越来越多的企业盯上了这个领域，被誉为"自动驾驶界的小明星"——由百度与金龙客车合作生产的阿波龙，也在世人面前亮相,反响强烈。

马斯克在这条路上并不孤独。

但凡能够获得巨大成就的人,往往不是掌控技术的人,而是影响他人思想的人。特斯拉似乎并没有直接改变这个世界什么,但是它正在改变人们的思维,先是让人们意识到电动车可能会取代燃油车,再让人们发现自动驾驶并非是天方夜谭。马斯克就是这场思维改造运动中的"洗脑"大师,他找到了一个足以打动人心的点,这个点就是对未来科技生活的憧憬。

ELON MUSK

第六章

跑马圈地：
与寡头们争夺市场

Space 的金主：与 NASA 的合作与斗争

有的人在工作中强势，在生活中弱势，有的人则恰巧反过来，不过还有一种人比较难搞——在工作和生活中都非常强势，马斯克就是这种人。

马斯克在恋爱和婚姻中总能表现出强大的控制欲，而在商业和职场上他又是一个作风强悍的老板。当然，马斯克也不是在任何时刻都喜欢以权压人，他也懂得妥协，只是更多的时候会表现出强势的一面，原因很简单，他所做的事本来就是被世界嘲笑的，他要是弱势了，岂不是被嘲笑到底了？

马斯克建立 SpaceX 之后，一个超重量级的国家机构就和他产生了密不可分的联系，这就是 NASA。虽然美国的私人资本发展程度较高，也一直以"高度自由"作为市场原则，但是当私人企业和国家机构真正碰撞时，孰轻孰重还是一目了然的。不过，马斯克在和 NASA 的合作与斗争中，总是能够把尺寸拿捏得很好。

马斯克第一次和 NASA 过招是在夸贾林进行火箭试验期间。当时，一些 NASA 的官员认为 SpaceX 在火箭发射的问题上有点像过家家，就批评了马斯克和他的团队，结果造成 SpaceX 在试图修改制定好的发射计划时要做额外的书面工作，这让不少工程师都对 NASA 恨之入骨。起初马斯克还在尝试忍耐，可忍无可忍之际也只能进行反击。

在马斯克看来，NASA 作为政府机构监管 SpaceX 的职责也在情理之中，但是随意修改游戏规则是很无耻的。因此，马斯克与 NASA 的部分官员之间的矛盾逐步激化。与此同时，SpaceX 雇用的一位前宇航员，总是对火箭各种挑毛病，严重影响了正常的工作进度，甚至会因为一个小部件有问题不断让团队复盘整个生产流程，而马斯克聘用他原本是想借助他快速制造火箭的，于是两个人爆发了争吵，这件事很快传到了 NASA 那里。

NASA 认为，一个来自硅谷的私企老板对一个专业人士态度如此强硬，尤其是在争吵时称对方是"蠢货"，让

第六章
跑马圈地：与寡头们争夺市场

人们觉得马斯克有点精分前兆：有时候通情达理，有时候暴躁冷漠。马斯克的这种工作态度，怎么看都像是在变相抵制 NASA 的监管——尽管那位宇航员是 SpaceX 的人。

实际上，马斯克和 NASA 的矛盾根源，不仅仅是国家机构和私人企业之间的矛盾，更是从深层次反映了当时美国航天界的状况。要知道，人类虽然在 20 世纪 60 年代完成了载人航天飞行，不过这个领域的技术驱动是源于国家战略层面的，跟老百姓没有一毛钱的关系。而马斯克要做的是打破这种壁垒，让每个人都有可能飞上太空、移居火星。但问题在于，高额的发射费用和不可逆的一次性投入，让很多国家都望而却步，更不要说实力相对孱弱的私人企业了。

NASA 代表的势力有自己的玩法，他们看重的是发射的安全性而非平民化，这种理念也影响到了一些航天承包商，这直接导致他们在研发产品时按部就班，没有出色的成本控制意识，也不在意效率是否低下，而是将更多的精力放在维护和 NASA 的关系上，这样他们才能源源不断地拿到订单。总之就是一句话，NASA 作为超级甲方，用陈旧的理念束缚了航天界的积极思维，搞出的都是凡人勿近的庙堂文化。

马斯克追求的目标，就是打破国家战略和平民梦想的界限。然而，有了 NASA 的存在，马斯克就不断遇到各种障碍。

2008 年，SpaceX 的发展情况不够乐观，其主要原因之一就是 NASA 对 SpaceX 的信心下降了，尤其是他们对马斯克个人能力表示质疑。当然这还不算是最糟糕的，让马斯克意想不到的是，算是 SpaceX 半个创始人的迈克尔·格里芬，出任了 NASA 的主席，而他和马斯克后来的关系急转直下，于是就成为 NASA 内部对马斯克成见最大的人。迈克尔·格里芬处处针对马斯克，甚至公开表示马斯克缺乏商业道德。

有了这样负面的评价，NASA 对马斯克一度失去信任，流言蜚语也损害了马斯克在航天界刚刚树立起的声望。

除了私人恩怨蔓延到合作层面，NASA 的一个"万年乙方"也给马斯克带来了不少麻烦，它就是联合发射联盟（United Launch Alliance），简称 ULA。

ULA 在 2006 年成立，论起步时间算不上老大哥，却有像波音、洛克希德这样两家金主爸爸的扶持，不会像马斯克那样为了几颗导弹而讨价还价。ULA 的诞生是因为美国政府无法提供足够的业务支撑，而作为出资者的两家

第六章
跑马圈地：与寡头们争夺市场

巨头也想借助自身优势分得一杯羹。虽然ULA的发射成功率很高，然而在成本控制上远不如SpaceX，甚至也无法和中国、俄罗斯竞争。

高额的发射成本和金主爸爸的行业垄断，让ULA在业界越来越豪横无敌，成为真正意义上的寡头，自然就是SpaceX在航空领域内的头号劲敌。问题一目了然：NASA一年的预算就这么多，当它把更多的钱塞给ULA的时候，马斯克能分到的就少了，这是其一；其二就是ULA可以不断壮大自己，打压SpaceX。

ULA在享受多年寡头乙方的地位以后，胃口越来越大，直接导致了美国政府在航空领域的巨额开支。就在这时，马斯克和他的SpaceX走了过来，不仅打破了垄断格局，还给了美国官方缓解压力的机会。

马斯克敏锐意识到美国政府的忧虑所在，在国会听证会上反复强调由波音和洛克希德操控的联合发射联盟给美国财政造成的困境：每次发射费用高达3.8亿美元，而SpaceX只需要9000万美元，实际上马斯克还能进一步压缩到6000万美元，但是因为美国政府会需要一些增值服务而增加了成本。这样鲜明的对比自然让美国政府动了心，节约的资金可以用在卫星制造上，同步提升航天技术的科技含量。

马斯克在听证会上的发言，无疑给了两个巨头以重击，自然也打击到了 ULA 的嚣张气焰。ULA 的 CEO 盖斯认为马斯克列举的数字缺乏科学性，不过俩人吵了半天谁也没拿出"锤死"对方的证据。最终，在听证会结束后，ULA 虽然继续享有发射权，却从原定的 14 次发射被改成了 1 到 7 次，虽然这对 SpaceX 没有直接的好处，但也在一定程度上削弱了 ULA 的影响力。当然，马斯克本人还是恼火的，因为在他眼里，自己并没有为 SpaceX 争取到平等的发射业务的权利。

NASA 对马斯克又爱又恨，爱是因为多了一个要价更低的乙方，恨的是马斯克态度过于强硬。所以他们之间的关系始终是有合作有斗争，至于未来的关系走向，那还要看 SpaceX 究竟能超越 ULA 多少。从美国政府的角度看，无论哪一个乙方成为寡头都是可怕的，最理想的状态依然是平衡的艺术。但是，马斯克或许不会认同，以他的个性，势必要成为天平上最有分量的那一方。

走出北美：三顾中国背后的布局

随着中国经济的发展，中国企业不仅拓展了许多海外市场，海外"迷弟"也收获了不少。他们多次来到中国，对中国的经济和文化都充满了兴趣，也想赢得中国市场。

马斯克就是这些"迷弟"中的一个，用我们熟悉的话讲就是"中国人民的老朋友"。

自从2013年特斯拉进军中国以来，几乎每一年都能在中国看到马斯克的身影，而且每一次马斯克都变身为夸夸群群主，把中国从里到外地称赞个遍。

那么，马斯克到底都夸了什么呢？

对于一个把移居火星当成奋斗理想的人，最看重的就是人类和世界的未来了，而马斯克夸中国的点也恰恰在未来上。2019年8月29日，马斯克在上海参加人工智能大会时，公开表示特斯拉的中国团队最优秀，还称赞上海的超级工厂令他十分震撼，而中国的创业企业简直就像"火箭"一样的发展速度。当然，对马斯克最关心的电动车领域，他也盛赞中国制造的厉害之处——全球约有50%的电动车都产自中国。从这个角度看，中国制造是撑起新能源汽车市场的顶梁柱。

从表面上看，中国电动汽车的快速发展会对特斯拉的生意造成冲击，但马斯克显然没有局限在这一层。他看到的是，电动车的普及速度代表着中国人对新能源汽车的接受程度；中国电动车的制造商越多，意味着用户也越多，他们既然能接受中国制造，也不会没理由地排斥美国制造，这不正是马斯克一直盼望的美好时代呢？所以他才信心满满地表示，未来中国很可能会成为特斯拉的第二大市场。

除了夸赞中国的未来之外，马斯克还特别迷恋"中国速度"。2014年，马斯克第一次造访中国，对上海政府的官员表示："我们能不能招一些你们的人，太有效率了。"一个从发达国家来的商界大咖，怎么像是一个刚进城的小镇青年呢？其实这一点也不夸张，要知道在美国安装一个超级充电桩，至少需要将近一个月的时间，然而同样的工作量在上海，只需要10天，目睹这一切的马斯克当场就被圈粉。

中国速度绝非浪得虚名，2018年网络上一个叫"中国工人在9个小时内建造完成一个火车站"的视频意外走红，内容是1500名中国工人仅用一晚上就完成福建龙岩站的改造。马斯克看完这段视频之后，立即在推特上面转发视频并狂赞："中国基建效率是美国的100倍！"

第六章
跑马圈地：与寡头们争夺市场

马斯克对基础建设速度的羡慕，其实也反映了他目前面临的困境，最典型的就是电动车需要充电桩，这是一个非常庞大的基础建设，其数量和分布决定了电动车能行驶多远，而如果美国能有中国这样的基建速度，那么电动车的推广就减少了一个障碍。

如果说中国速度代表着中国未来，那么还有一样东西更能决定它的发展模式，那就是中国的互联网产业。

马斯克第一次造访中国时，特别提到了中国现在顶流的互联网公司，比如百度、小米、新浪等。他还亲自去阿里巴巴集团参观，当然像腾讯这样的巨头马斯克也没有放过——他直接安装了微信，然后就用它和中国客户联系。

除了夸奖中国，马斯克也能很好地和中国文化融合在一起，比如打飞的专门去北京吃包子，然后还在推特上发了"好吃"。可以说，马斯克走到哪里就吃到哪里，在上海他会品尝振鼎鸡，在北京就吃涮羊肉。

马斯克不是马屁精，他频繁造访中国，是因为在他的火星梦之外还有一个中国梦，这个梦和 SpaceX 无关，和特斯拉有关。为此，他还制定出一个"三步走"计划，最终目标是让每个中国人都有一台特斯拉。

第一步简单粗暴，就是把电动车卖到中国来。为此，马斯克在2013年之前就对中国市场的财务、法务和汽车业务进行布局。2014年4月22日,马斯克第一次来中国时,跟着他的还有一批全新的特斯拉Model S,马斯克本人出席了交车仪式,还将车钥匙亲手递给了第一位中国特斯拉车主。

回到美国以后,马斯克高调"渲染"了这次交车仪式,仿佛全中国人都在等着使用特斯拉的电动车。然而接下来的故事就没那么美丽了,由于马斯克对中国市场过于乐观和大量的黄牛党退单,特斯拉的车库里被未销售出去的汽车塞得满满的,销量并没有增长。于是,马斯克就有了第二步。

第二步委婉了一点,这次不是卖车,而是把工厂直接建在中国。对于这个想法,马斯克在2014年就告诉媒体了。到了2015年,他又对美国投资者表示,特斯拉对发展中国市场有着强烈的愿望。

看到这里,你就会明白马斯克为什么痴迷中国速度了,因为他也要享受这种高效率带来的商业成果。但是,中国的国情决定了建厂并非容易之事,而中国一直在呵护国产汽车的发展,对外资企业在中国建厂有着严格要求,这意味着马斯克必须和中国企业合作。

第六章
跑马圈地：与寡头们争夺市场

2018年7月，马斯克与上海方面签订了协议，在上海临港地区独资建设超级工厂，打算在2~3年之内完工，完工以后每年将生产50万辆特斯拉电动车。也许是马斯克看到了特斯拉未来会在中国大体上赢得市场从而击败其他对手，所以他在签约现场开心地跳起了舞。在协议签署三个月以后，特斯拉就在上海拿了地，心急的速度远超房地产行业。2019年1月，特斯拉上海超级工厂正式开工建设，生产电动车指日可待。

虽然第二步目前尚无最终结果，但是发展趋势是在马斯克的预想中，那么接下来他该实施的就是第三步了。

第三步是最见胆量的，因为马斯克的想法是把总部迁到中国来，让中国人出任CEO。当然从实际情况来看，这一步的成功率并不高，毕竟目前特斯拉的最大市场还是在本土，但是马斯克不会无缘无故提出这个构想，主要原因还是看中了中国潜在的消费能力。

马斯克对中国市场的偏爱，对中国来说意味着什么呢？其实，马斯克在2013年以前，对中国的态度可算不上"迷弟"，他曾经写过一篇名为"为什么美国创新可以碾压中国？"的文章，表达了对美国成为创新大国的信心，甚至还在美国的《商业内幕》中撰写文章，称中国是他卫星计划的最大阻碍。

是敌是友，是一些中国人对马斯克急于要做出的鉴定。客观地讲，马斯克更在意的还是美国，毕竟是那里实现了他的太空梦，而中国对他来说，更像是一个代表着利益关系的合作伙伴。如果马斯克未来会与中国进行更多的合作，我们也会有所受益，毕竟马斯克掌握着一些高精尖技术，他的超级工厂也可能带动中国的产业升级，对跨国企业进行投资，也是我们所鼓励的。

是敌是友，其实并不重要，重要的是，我们能否像马斯克那样，一边敢于做梦，一边脚踏实地。如果有越来越多的优秀国际资本注入中国，中国的发展将会越来越好。

Model S 火爆后的设计师之战

商场中推崇丛林法则是顺理成章的事，它的核心奥义就是胜者为王。当然，在角逐胜利者的道路上会遇到多重障碍，他们可能是你的神对手，也可能是你的猪队友，如果你不能提防背刺，如果你不能小心被坑，一不留神就可能被淘汰了。

马斯克的开拓者精神让特斯拉变为了一种成功典范，

第六章
跑马圈地：与寡头们争夺市场

更改变了外界对电动汽车的漠视与不屑。人们不再把电动汽车看成是有钱人的电动玩具，而是意识到它正在成为和燃油车争夺消费市场的有力竞争者。

在 2009 年推出 Roadster 之后，特斯拉引起了业内业外的一致关注，当然出货延期的问题也让它多次登上头版头条，不过随着产能的逐步提高，这个短板已经渐渐被消除。就在这时，马斯克决定让 Roadster 涨价，从之前的 9.2 万美元上涨到 10.9 万美元。消息放出后，很多没拿到车的订户遭受了雷霆一击，然而马斯克却很清楚自己必须要这么做，因为 Roadster 的成本摆在那里，不涨价未来特斯拉就会面临更窘迫的局面。

马斯克的思路很清楚，特斯拉的真正崛起不是靠他自己，而是靠政府提供的贷款，而先决条件就是良好的市场反馈，这样政府才能相信马斯克会制造出更优秀的电动车。

让马斯克没有想到的是，一向以精湛工艺著称的莲花汽车，竟然在组装 Roadster 的时候没有将底盘的螺丝拧紧，这让马斯克不得不对特斯拉进行安全召回，采取补救措施。然而这样一来，公众对特斯拉汽车的安全性又产生了怀疑，还好事态很快得以控制。不幸的是，第二年特斯拉又进行了第二次召回，这一次倒不是螺丝出了问题，而是电线会摩擦车身而导致短路。这让公众对特斯拉的好感度又下降了，大家都怀疑 Roadster 是自带安全隐患的大奖，说不定就中了个头彩。

面对舆论的声讨，马斯克卓越的口才发挥了作用，他利用危机公关政策成功地把控了舆论的方向，这才没让各大媒体对特斯拉赶尽杀绝。经过这一波挫折的特斯拉总算扛住了伤害，到了 2012 年一共销售 2500 辆 Roadster，完成了马斯克的预期目标。

2500 辆，对于一个老牌汽车制造商而言是毛毛雨，但是对马斯克来说，意味着市场开始接受电动汽车，这是一个历史性的跨越。站在时代的转折点，马斯克开始了疯狂思考，他在脑海中又构思了新一代产品——白星电动汽车（后来成为 Model 系列车型）。

Model 系列和之前的两款豪华电动车相比，最大的特点就是不依赖任何一家汽车公司提供零部件，从上到下、从里到外都是特斯拉设计，汽车底盘不再交给莲花汽车公司组装，而是由特斯拉的工程师们亲自操刀，将电池安装在底盘上，增强了汽车行驶的稳定性。

在产业分工越来越清晰的今天，马斯克这个决定看起来是在和主流理念背道而驰，其实是在严酷的市场环境中

第六章
跑马圈地：与寡头们争夺市场

为自己谋求最大的生存空间。特斯拉是电动汽车制造领域的小学生，本应该虔诚地向各位大佬学习技能甚至求着他们"代写作业"，然而在大佬看来，特斯拉和人类未来没有什么关系，至于未来特斯拉能够走多远和他们毫无关联，而就是这种傲慢和轻视的态度，很可能会葬送了特斯拉的发展前景。

基于上述原因，马斯克必须要把设计和生产的命脉掌握在自己手中。特别是设计，因为它决定了资本市场是否愿意把银子砸过来。

2007年，马斯克正式启动Model S的设计研发工作，为了让汽车拥有别具一格的外形，马斯克雇用了著名的丹麦汽车设计师亨利·菲斯克，希望他能够帮助特斯拉设计一款外形极致的汽车。

要说这位菲斯克可不是普通角色，他是业内极具才华的设计师，擅长构思具有戏剧色彩的外观，多年来创作的精品数不胜数，就连奔驰、宝马这样的行业头牌也对其顶礼膜拜，很多限量版的汽车设计都交给他操刀，所以马斯克对他寄予了厚望。

"希望越大，失望也越大"，这句话竟然在马斯克身上灵验了。当菲斯克拿出设计方案以后，所有人都是一脸茫然：车体臃肿丑陋，完全不符合特斯拉的一贯风格。马斯克直接否定了这个设计方案，然而菲斯克却孤芳自赏，认为这是受制于电动车特有结构的一种妥协方案。然而遗憾的是，经过反复修改，菲斯克交出的设计方案都没有被通过，就像是菲斯克的大脑短路了一样。

事实证明，没有谁的大脑会无缘无故短路，更不要说一个世界级的顶尖设计师了。

没过多久，菲斯克成立了一家汽车集团，并在2008年推出了混合动力汽车，从特斯拉的外聘设计师变成了竞争对手。行业里有了竞争对手并不可怕，毕竟都是新能源的代表，可让马斯克无法接受的是，菲斯克为自己设计的Fisker Karma动力汽车外形相当炫酷，就像是从上帝那里偷到了设计图纸。这还不算，菲斯克在硅谷到处寻找投资者，已经成为特斯拉资金来源的有力争夺者。

种种迹象表明，菲斯克早在受聘为特斯拉设计师时，就开始考虑给自己的混合动力汽车铺路的事了。马斯克被狠狠摆了一道。最终，他实在咽不下这口气，很快就对菲斯克提出诉讼，状告他剽窃特斯拉的创意，可最终的审判结果是马斯克证据不足。

虽然是一次败诉的官司，但马斯克却吸收了不少教训，最大的就是他看到了混合动力汽车的发展前景。和电动汽车相比，它克服了充电站太少这个致命缺点，打消人们对续航里程的担心。不过这也诞生一个新问题：混合动力汽车因为结构更复杂而提高了成本，这和特斯拉的低成本原则背道而驰。最终，马斯克放弃了研发混合动力汽车的计划。在他看来，菲斯克的前景并不乐观。

在新能源越来越被世界重视的今天，不少人都选择了挑战传统动力的探索之路，他们原本算是同一条战线的盟友，却在细分市场中再度成为敌人。菲斯克给特斯拉带来的羞辱，让马斯克更加重视建立自己的设计团队，因为他很清楚：资本可以外借，但是设计必须掌握在自己手里，否则就断了吸引资本的可能。

丰田和戴姆勒：进军路上亦敌亦友

没有永远的敌人，只有永远的利益。丘吉尔的这句至理名言不仅适用于国与国之间，也同样适用于企业和企业之间。当然，谁也不愿意树敌，尤其是实力不够雄厚的初创企业，找靠山、谋和平才是正确的打开方式。但问题在于，靠山也不是慈善会，当你不能为靠山提供必要的价值之后，轻则会被赶出去，重则就会成为被消灭的对象。

特斯拉曾经也拥有两大靠山，一个是丰田，另一个是戴姆勒。

丰田在 2008 年为特斯拉投资了 5000 万美元，换来了 3% 的股权；戴姆勒在 2009 年以 5000 万美元收购了特斯拉将近 10% 的股权，此外还大量购买了特斯拉研发的电池组。然而，这两个靠山如今也靠不住了。

2014 年，戴姆勒从特斯拉的股份中撤资，套现 7.8 亿美元，之后丰田也出售了特斯拉的部分股份，难道这两大巨头开始后悔了？答案基本上是肯定的。

小弟穷不要紧，重要的是和老大一条心，作为靠山花点钱买个效忠是值得的，但是如果小弟心怀二心，那就只配被踢出朋友圈。

特斯拉和两大巨头的恩恩怨怨，还得从 2010 年说起。

2010 年，丰田和特斯拉进行资本与业务合作，丰田收购了特斯拉 3% 的股份，后来特斯拉增发股票，丰田的资产被缩水，持有比例下降到 2.4% 左右。2014 年 10 月，特斯拉发布的 Model SP85D 系列，上市就遭受冷遇。这让丰田和戴姆勒都打了个激灵，这两家行业大佬忽然意识到这家异想天开的公司可能靠不住，一旦未来市场泡沫破

第六章
跑马圈地：与寡头们争夺市场

碎，很可能血本无归，于是就开始有计划地出售股票。

如果只是从投资的角度担心，丰田和戴姆勒也不至于和特斯拉交恶，关键在战略层面也出现了问题，那就是戴姆勒从2010年和比亚迪开始了合作并成立了合资公司，设计出第一款产品——腾势电动车。尽管比亚迪还不能算是特斯拉的正面竞争对手，但在马斯克眼里，金主爸爸同时帮助两个致力于新能源汽车的企业，着实让人没有安全感。

更具讽刺的是，丰田在看到戴姆勒进军新能源汽车以后，也开始了同步探索，不过丰田更喜欢混合动力汽车，这样一来，它们还是和特斯拉形成了潜在竞争关系，而且丰田内部的态度是不看好电动汽车，这意味着特斯拉以后很难再从它腰包里拿钱。

2014年，特斯拉宣布停止为丰田提供电动汽车使用的锂离子电池，一方面证明丰田对电池组的胃口下降了，另一方面也预示着特斯拉不能再去培养一个竞争对手。

随着两大巨头和特斯拉渐行渐远，马斯克也接收到两个危险信号：一个是传统汽车制造业对纯电动车的发展前景并不完全看好，它们之所以投资特斯拉或许只是为了丰富产品线，将电动车定位为新型、小众的消费品而已；另一个是未来将会有更多的企业涉足电动车制造业，或者是以幕后投资的方式，或者是以业务合作的方式，总之都会对特斯拉的市场份额产生冲击。

马斯克的猜想并非杞人忧天。2016年11月，丰田成立了由总裁亲自掌控的电动汽车部门；到了2017年，丰田将特斯拉的股份全部出售。或许在外人眼里，这对"夫妻"分道扬镳有些可惜，但是在马斯克看来也不值得惋惜，因为两家合作之后只开发出一款反响平平的RAV4。

在这次合作中，特斯拉的工程师和丰田发生了冲突。起因是特斯拉希望给RAV4配备和Roadster相同的电子驻车制动，但是丰田认为应当采用传统的机械式驻车制动，其实这个分歧并非不可调和，然而在关于电池底部外壳的设计上双方的分歧扩大了：丰田设计了结构更为完整的外壳，特斯拉希望单独设计保护外壳，即再加一层外壳，结果双方争执不下，完全没法合作。

从本质上看，丰田和特斯拉在设计理念和执行风格上属于两个世界，不具备合作的基础，这种自卖自夸的争端只会扩大分歧，直至破坏掉最后一丝信任，所以仓促上市的RAV4只卖了两年就宣告停产。

伴随着丰田和特斯拉的"劳燕分飞"，戴姆勒也在

第六章
跑马圈地：与寡头们争夺市场

2016年底终止和特斯拉的全部合作项目，随后传来的消息是戴姆勒斥资5亿欧元打造了一个电池工厂。由此可见，戴姆勒也意识到与其依靠马斯克不如靠自己，反正有的是钱。

归根结底，丰田和戴姆勒投资的出发点是看中了特斯拉的电池管理系统，希望通过合作获得电池管理系统图纸，从而提升自家电动车的发展速度。但马斯克可不是糊涂虫，他不会把自己苦心研发出的电池串联方式透露给丰田和戴姆勒，所以当对方想法落空之后，特斯拉"被分手"也就毫无悬念了。

有意思的是，和丰田的决绝分手相比，戴姆勒和特斯拉之间有点藕断丝连的意思。2018年10月，戴姆勒集团首席执行官蔡澈在接受一家报纸媒体采访时表示，戴姆勒并不排除未来会与特斯拉合作的可能性。同年11月，马斯克在网上发言，表示可能有兴趣和戴姆勒合作电动版Sprinter货车。两个人的遥相呼应，让人禁不住浮想联翩。不过时至今日，双方还没有迈出破镜重圆的关键一步，这个答案只能靠时间来给出了。

任何一个圈子里，分分合合都是常事，尤其是在新能源汽车领域，敢玩的都是胆子大的，也是非主流的。从长远来看，合作的好处大于对抗，毕竟真的斗起来得利的可能还是传统动力汽车，更主要的是会削弱市场对新能源汽车的信心。对马斯克而言，虽然特斯拉失去了金主和盟友，但也是一种临时性的阵营调整，天下大势，合久必分，分久必合，未来的变数始终是不确定的。唯一确定的是，马斯克会一条道跑到黑。

线下市场的底特律阻击战

如果你看过美剧《行尸走肉》，对那种末世生活有兴趣的话，建议你去美国的底特律体验一下，因为那里的场景和剧中展示的世界非常想象。走在街道上，你能看到破烂不堪的平房，它们甚至只需要一美元就会出售，然而没有人愿意在这里生活，因为这里不适合人类居住。

往日风采不再，这就是底特律的现状。

底特律曾经是美国传统汽车制造的摇篮，后来由于税收人口的流失、美国汽车竞争力下降以及新技术薄弱等复杂原因走向衰败，如今这里所剩的制造企业屈指可数。不过这并不意味着底特律彻底完蛋了，毕竟它的强大工业生产能力不会消失殆尽，一些新兴的企业借助以前的根基找

第六章
跑马圈地：与寡头们争夺市场

到了复兴的机会，其中值得一提的就是底特律电动车公司。

底特律电动车公司诞生于 1907 年，从辈分上看是十足的电动车制造先驱，它的电动车产品全部在英国组装生产，与特斯拉的生产模式十分相像。经过少量的试生产以后，该公司开始计划批量生产豪华版轿车。目前，底特律电动车公司生产的电动跑车，预期价格基本上都超过了 10 万美元，续航里程是 288 公里，在 3.9 秒内能够提升到 100 公里的时速。

和特斯拉的电动车相比，底特律电动车实在不够理想，因为 Roadster 的续航里程已经达到了 547 公里，就算是在电池组升级以前也达到了 350 公里。不过特斯拉也存在问题，那就是产能不足，而底特律电动车更有占据市场的潜力。

面对这样一个从废墟中冒出的对手，马斯克立即提高了警惕。在他看来，这其实是传统汽车制造业打响的一场防卫战。不光是底特律，通用公司据说也组建了研究电动汽车的项目组，目的就是防止传统汽车遭受到新能源汽车的冲击。

中世纪的欧洲行会制度，通过垄断捍卫了一个生态圈子里的安全。如今汽车业也是如此，传统汽车行业对新生的电动汽车充满了恐惧和戒备心理。而最让它们头疼的是，马斯克的特斯拉代表着新型创业公司的生产模式成果，并非传统的汽车制造企业能够随意复制，它所带来的杀伤力难以估计。

底特律电动汽车，论资历远在特斯拉之上，不过它并不具备绝对的胜算，特别是在制造技术上。然而它高调地在2008年回归电动汽车市场，还是给马斯克带来很大的压力。然而更要命的是，这一次行会保护主义又变成了地方保护主义。2014年10月，底特律所在的密歇根州宣布，禁止特斯拉在本州展示并直销电动车。特斯拉没有在全美地区建立广泛的经销商网络，而这个做法恰恰违背了美国多个州的法律规定，所以除了密歇根州之外，新泽西州、得克萨斯州等地也开始对特斯拉发出了禁令。

从表面上看，密歇根州似乎没有针对特斯拉，只是按照规定办事，但实际上还是存在差别的，因为除了密歇根州之外，其他州虽然发出禁令，但是还是允许特斯拉在当地开设汽车展厅，人们可以观看和触摸马斯克创造的工业奇迹，但不能试驾，也不能订货，也就是说这些展厅就是没有零售功能的大号橱窗。

对比之下，密歇根州的地方保护主义就很明显了，被

第六章
跑马圈地：与寡头们争夺市场

业界认为是封杀特斯拉的急先锋。按照马斯克的性子，应该要起诉密歇根州，但问题在于，这是密歇根州的参议院和众议院高票通过的法案，在法案中根本没提特斯拉的名字，即在明面上没有限制特斯拉，但在事实上予以针对，特斯拉想告都无从下口。当然，马斯克在口头上还是保留了起诉的可能。

看似步入暮年的底特律，缘何还有这么凶悍的反击力量呢？底特律虽然走向衰败，但整个密歇根州的汽车产业还在，通用、福特和克莱斯勒三巨头仍然活着，它们不仅有效地操控着市场，也不遗余力地参与到本州的立法活动中。

按照特斯拉调查的结果，这个封杀法案看起来是高票通过，其实在表决之前根本没有进行公开辩论，公众对此知之甚少。

这一次的哑巴亏，和马斯克的创新思维也有很大关系。因为在美国的传统汽车销售中，遍布各地的经销商网络是根本渠道，具有展示、销售和售后服务的功能，但是马斯克不想在这方面投入太多资金，于是就避开了传统经销商网络的环节，正是这一举措才让密歇根州找到了背刺的机会。于是，密歇根州成为特斯拉唯一没有进入的最大的州。至于该州的三巨头，在这场阴招用尽的博弈中一言不发。

回头看看马斯克放弃经销商的初衷，其实是想建立自己的品牌商店，将差异化明显的产品有针对性地出售给不同的用户。这是一种精准营销的方式，比传统的4S店更灵活，能够大幅度缩短汽车和用户之间的距离，这样的展示方式还能快速筛选掉没有购买意向的人群。但这个正确的营销思路却在密歇根州触礁。

外有政策保护，内有崛起策略。底特律电动车没有放松警惕，为了对抗特斯拉，公司在2017年与一家来自中国的企业签订协议，成立合资企业，该企业计划向底特律电动车公司投资18亿美元。

特斯拉本以为能抓住机会进场，却没想到在底特律的外围就遭遇了阻截。2019年的底特律汽车展上，通用、凯迪拉克、捷豹、奥迪等公司纷纷亮出了自家的豪华电动汽车，而特斯拉只能被挡在展会外面。事后有业内人士总结，2019年虽不是电动车的关键年，但所产生的一些技术性突破会影响到未来的市场格局，比如续航里程会更长等。

底特律的电动车，正在源源不断地从工厂中马力十足地开出来，而在设计室里，大批的新图纸也正在描绘着。底特律电动车公司甚至还极力与特斯拉划清界限，认为自己不会犯特斯拉所犯下的错误。

曾经的"汽车之城"，如今虽然被外界称为"鬼城"，但这一方土地仍然有重新崛起的意愿和努力，也有一大批企业前赴后继。对特斯拉而言，市场竞争日益激烈，自己享受的税收抵免优惠政策不会一直存在，如果失去了这个对"新生儿"的保护伞，电动汽车是否能够和燃油汽车一较高低还是未知数。其实，底特律从来没有死，死掉的只是不思进取的企业和落后时代的观念，而马斯克也会想方设法在这里打开缺口，这不单纯是占领市场的商业问题，还有观念博弈的意识形态问题。

ELON MUSK

第七章

恩怨纠葛：
前任和现任的轮转

大学初恋：与贾斯汀的童话邂逅

有的大佬感情生活单调，有的则丰富多彩，显然马斯克属于后者。人们给他的评价是：先后爱上 4 个女人，拥有 3 段婚姻，孕育了 6 个孩子。

马斯克的第一任妻子叫贾斯汀·威尔逊，她和马斯克是安大略皇后大学的同学，两个人爱情故事足以写成一部小说。贾斯汀不仅容貌出众而且博学多才，又拿到了跆拳道黑带，不过还是挡不住被一群人追求，可她更喜欢年龄比自己大的男人。

在公共课上，马斯克对贾斯汀一见钟情，就像他的创业生涯一样，马斯克立即采取了恋爱攻势。当时，贾斯汀要举办一个聚会，马斯克穿戴整齐地想要制造一次邂逅，然而贾斯汀却没有到场。马斯克竟然直接跑到贾斯汀的宿舍里找她去吃冰激凌，贾斯汀又对马斯克放了鸽子，但是马斯克仍然没有气馁。

既然从正面难以攻破，那就必须寻找突破口。马斯克改变策略，开始从贾斯汀身边的好朋友下手，询问她通常在什么地方学习以及喜欢什么口味的冰激凌。一天，当贾斯汀在教室里学习西班牙文的时候，她听到一阵咳嗽声，接着就看到手里拿着两个已经融化了的冰激凌的马斯克。实际上，贾斯汀对马斯克的印象还不错。她知道这个来自南非的年轻人出身上流，举止优雅，但她并没有动心。后来马斯克多次送玫瑰花给贾斯汀，还写了一大堆情意绵绵的情书，但除了塞满她的邮箱之外，再没有任何作用。

就在马斯克以为自己没有希望之际，事情忽然出现了转机。

贾斯汀有一个特别的爱好，就是阅读科幻小说，她的梦想是成为一名科幻小说作家。有一次，马斯克用尽招数把贾斯汀约了出来，当他们去书店闲逛的时候，贾斯汀忽然指着书架的一角说："我希望有一天我自己的书也会摆在这个架子上。"马斯克马上说："你的灵魂中有一团烈焰，我在你身上看到了我自己的影子。"没想到正是这样一句看似没有杀伤力的话，却在瞬间打动了贾斯汀。

第七章
恩怨纠葛：前任和现任的轮转

原来，贾斯汀在和别人讲她的作家梦时，得到的不是理解而是嘲笑。特别是男生，他们实在没法把一个金发碧眼的美女和科幻小说作家联系起来，那似乎是秃顶男人才干的事。然而马斯克却抛开成见，这让贾斯汀对他另眼相看，于是两个人开始正式交往。

和那些整日黏在一起的情侣相比，马斯克的爱情故事有些另类，他们不像是情侣更像是竞争对手。两个人一起修读了变态心理学的课程，马斯克得了 98 分，贾斯汀得了 97 分，马斯克不甘心，找到教授争辩，要回了被扣掉的 2 分，最后得了 100 分。

在安大略皇后大学期间，马斯克最头疼的就是贾斯汀的追求者太多了，他们准备随时偷袭马斯克的"阵地"。为了捍卫胜利果实，马斯克精疲力竭地围在贾斯汀身边，然而贾斯汀却照常和其他男生约会，不过转了一圈之后还是会回到马斯克身边。后来，马斯克不得不对她采取了强硬的态度，没想到贾斯汀反而收敛了许多。

当马斯克去宾夕法尼亚大学就读以后，两个人开始了艰苦的异地恋，不过马斯克此时结交了新的女朋友，贾斯汀知道以后断然和他分了手。毕业后，贾斯汀去日本教英语，后来又到加拿大的一家酒吧工作，业余时间撰写科幻小说，她本以为自己已经忘掉了马斯克，却没想到还是回到了他的身边——她一直很留恋他，二人破镜重圆。

贾斯汀是一个特立独行的女性，即便后来马斯克成了富豪，也没有改变她对这个男人的态度。因为她从来不看重金钱，反而是担心马斯克的财富增加，这样的生活给她一种强烈的虚无感，她时刻担心马斯克会选择一个超模取代自己。

事实证明，贾斯汀的担心是多余的。

1999 年 11 月，马斯克手捧戒指在洛杉矶的街上跪地向贾斯汀正式求婚。此时两个人已经相恋 6 年，马斯克这个举动让贾斯汀猝不及防，她差一点在求婚现场晕过去，最后他们决定在 2000 年 1 月举行婚礼。

甜蜜的感觉还没持续多久，贾斯汀就迎来了打击。结婚前夕，马斯克找来一位律师拟定了一份婚前财务协议。这让贾斯汀猝不及防，不过马斯克却平静地解释，这不是婚前协定，而是他的新公司董事会提出的要求。

真相究竟如何已经不重要了，其实在贾斯汀眼里，这个举动倒也符合马斯克的作风，而如果自己斤斤计较，那不是恰好说明自己"不拜金"是个伪人设吗？

在真爱的驱动之下，贾斯汀放下所有隔阂，与马斯克

第七章
恩怨纠葛：前任和现任的轮转

在 2000 年 1 月成为夫妻。在他们的豪华别墅里，来自四面八方的亲朋好友为这对新人献上了祝福。不过马斯克并没有享受到新婚燕尔的快乐，脑子里都是他未来的商业计划。伴随着优雅的舞曲响起，贾斯汀拉着马斯克进入舞池，她本以为自己能听到一句甜言蜜语，结果她听到马斯克说："在我们的这段感情中，我是主宰者。"

相信大部分女人都无法接受这句话，尤其还是在婚礼现场。然而贾斯汀还真是个例外，或许她太了解马斯克了，听他说完以后只是耸了耸肩膀。

马斯克的确在这段婚姻中扮演了一个控制者的角色，或许这和南非重视男性主导家庭的传统有关。这种文化背景强化了马斯克的男权意识，并不是东方的"男主外女主内"的男权，在他的观念中事业和家庭都应该被攥在男性手里。

马斯克的强势让贾斯汀渐渐无力改变这种畸形的夫妻关系，她曾经尝试着夫唱妇随，但马斯克的强硬态度始终不减，他经常用自己的思维方式给贾斯汀挑毛病，最终贾斯汀爆发了："我是你的妻子不是你的雇员！"马斯克不仅没有安慰反而冷冰冰地说："你的书读得太多了，如果你是我的雇员，我一定会把你炒掉。"

领导型人格是马斯克获得成功的原因之一，这让他浑身充满了强烈的攻击性和占有欲。这也是马斯克身上的亮点，然而这亮点的光芒被无限放大以后，也让他身边的人睁不开眼睛。这不仅是一种强势，也是一种偏执。因为在马斯克的世界里，只有手中掌控得越多才越有安全感，而贾斯汀就成了牺牲品。

七年之痒葬送第一段婚姻

世界上总有一部分夫妻，会从亲密爱人变成最熟悉的陌生人，当然也有一些会变成熟悉而又陌生的仇人，他们在感情消散之后，会看到对方恐怖的另一面。这或许也是一个哲学问题：这些真面目是被放大的，还是之前就存在只是被视而不见？

在马斯克卖掉PayPal之后，他的人生遭遇了一次劫难：不到三个月大的儿子在睡梦中离开了人世，后来诊断为婴儿猝死综合征。

儿子去世时，马斯克并不在他的身边，他是在飞机上得知这个消息的，陪伴儿子的只有贾斯汀一个人，她也由此痛恨马斯克的缺位。当马斯克赶到医院时，孩子已经离

第七章
恩怨纠葛：前任和现任的轮转

开这个世界，马斯克出于悲伤和愧疚，在医院里整整待了三天。

丧子之痛成了贾斯汀和马斯克的梦魇，马斯克告诉贾斯汀不要再谈论孩子的死亡，然后他就一头扎进工作中，试图忘记这段黑色的记忆。相比之下，贾斯汀就没有更多分散注意力的途径，她开始变得沉默寡言，和马斯克的交流日渐减少。在马斯克被拉夫琴赶下台以后，他虽然有了大把时间和妻子相处，但此时两个人激情已退，争吵不断，最后是贾斯汀做出了让步。她认为，马斯克的童年经历让他难以处理好家庭关系，他仍然是她心目中的英雄。

感情中最怕的就是一厢情愿，贾斯汀不断尝试着理解马斯克，然而马斯克的情绪却跟随他的事业上下起伏。在"猎鹰1号"多次失败的那段日子里，马斯克感到了绝望，他把全部精力都扑在工作上，无暇顾及家庭，这让贾斯汀难以接受。贾斯汀内心深处仍然是一个文艺女青年，无论是对爱情还是对婚姻都有浪漫的幻想，她渴望的是长相厮守而不是天各一方，如今马斯克却无法满足这些需要。家对马斯克而言，更像是一个临时的落脚点，这让属于他们的精神世界逐渐萎缩。

萎缩的世界只能扩建新的肥沃的土壤，此时的贾斯汀不用为生活操劳,有大量的时间去撰写小说,这也圆了她的作家梦——她出版了三本小说,并开通了自己的博客。和小说相比,博客成为贾斯汀对外沟通的桥梁,也成为她宣泄情绪的出口。她在博客中记录了自己的家庭生活,因为她的文笔很好,加上特殊的身份,有越来越多的人开始关注贾斯汀的博客,然而马斯克却不知道这个博客将是一枚不定时炸弹。

贾斯汀的婚姻生活虽然苍白无力,但在外人眼中她是值得羡慕的女人。此时她为马斯克生了五个孩子,个个活泼可爱,有一个庞大保姆军团照顾他们,她又如愿以偿地成为作家,这样的生活难道还不该满足吗?然而对贾斯汀来说,这些金光闪闪的存在不过是虚空之物,她觉得自己就是一个拥有美丽外表的包装盒,内心空空如也。

贾斯汀越来越看不懂马斯克的内心世界,同样也不了解家里的财务情况,虽然贾斯汀本人吃穿不愁,但这种信息不对称也正在撕扯她和马斯克的关系,让他们变得更像是战略盟友。而如果是盟友,就不可能永久牢固。终于,马斯克在2008年提出了离婚诉讼,贾斯汀虽然表示同意,但是双方在财产分割等问题上存在争议,于是开启了一场离婚诉讼大战。

第七章
恩怨纠葛：前任和现任的轮转

2008年6月，贾斯汀在博客上引用了音乐人莫比的一句话："世界上从来没有完美的、在任何场所都收放自如的公众人物。如果他们是完美的，那么他们就不会成为公众人物。"通过贾斯汀的文章，大家才知道了她和马斯克正在进行离婚大战，各大媒体的神经都被刺激到了，他们抓住这个热点新闻开始了追踪报道。后来，贾斯汀参加了一档名为《离婚的战争》的节目，还在女性向的杂志上发表文章，称她和马斯克的分手是美国最混乱的离婚。与此同时，马斯克在和一位年轻女演员约会的事情也被爆料，让这对夫妻的离婚大战进入了高潮。

此时的贾斯汀找到了一种久违的随心所欲，她在博客上剖析自己的婚姻并公布了一些细节。在她的文字里，马斯克呈现出的是一副丑恶嘴脸。如果马斯克只是普通人倒也无所谓，可对于一个创业者来说，私下生活的道德问题会影响到他的社会评价。于是，越来越多的媒体兴奋地跑来寻找素材，马斯克表示自己和贾斯汀之间不存在财产纠纷，因为他们签署过一份财产协议书，但贾斯汀却表示自己是在不知情的情况下签署的，协议里充满了不平等条款。当然对媒体来说，贾斯汀究竟能分到多少钱并不重要，重要的是她和马斯克的战争能吸引更多的流量。在媒体的渲染下，更多的人开始同情贾斯汀，而舆论的倾向让马斯克不得不选择和平解决方式，否则他的事业也会受到负面的影响。

经过一番讨价还价，马斯克和贾斯汀终于达成了和解：贾斯汀得到了房产和200万美元的现金，每个月马斯克要给她8万美元的赡养费以及17年的儿童抚养费外加一辆Roadster。

从结局来看，贾斯汀获胜了，至少不亏，但她的心灵也遭受着伤痛，毕竟对簿公堂的是自己曾经深爱过的人，当她向媒体描述自己和马斯克的关系时，那些灰暗的往事也一遍又一遍被提起，因此每次被采访时她都难以保持平静的心情。当然，贾斯汀的痛苦究竟有多大，外人始终无法理解。因此在离婚后的一段日子里，她以博客作为阵地继续发泄情绪，而这恰恰给马斯克带来了更严重的攻击。因为不知道贾斯汀的下一篇博文会写什么，马斯克惶恐不安，因为他担心大众会跟随贾斯汀的节奏，那对他的事业来说无异于灾难。

马斯克几经考虑，决心不能再对贾斯汀的博客表示沉默，他在报纸上发表了一篇长文，称他和贾斯汀的财产协议是经过协商的，并不存在谁欺骗谁，而且协议中涉及的

第七章
恩怨纠葛：前任和现任的轮转

财产权也是独立的，也就是说马斯克可以从他的公司中赚钱，而贾斯汀依靠她的稿费赚钱，双方互不相欠。这篇文章的发表总算为马斯克洗刷掉了一些"污点"，毕竟还是有理性的看客，他们知道不能偏听，这是对马斯克的不公。然而，就在舆论发生了变化时，马斯克竟然要求报纸删掉了这篇文章的电子版，在他看来，只有这篇文章也被删掉，才能让人们彻底忘记他和贾斯汀那段惊心动魄的离婚大战。

因为，马斯克不想被媒体当作娱乐版块的花边新闻，他真正关心的事情不在家庭里，也不在地球上，如果有人想要知道他对这段婚姻的评价，或许他只想说两个字：爱过。

恢复单身：一个女友代表一段绯闻

有的人是天煞孤星，终其一生没有伴侣；有的人是命犯孤狼，会在某个时间段成为形单影只的路人。和那些双宿双飞的人相比，他们既要带上保护自己的刀，也不会忘记驻足欣赏路边美丽的雏菊，因为孤独对他们只是暂时的。

第一次婚姻的失败，让马斯克一段时间郁郁不振，朋友劝他放松一下，马斯克真的听从建议开始了一次海外旅行。当然，旅行途中他还参观了阿斯顿·马丁汽车公司，想要依靠特斯拉的声望与对方合作，然而阿斯顿·马丁的CEO却认为马斯克只是外行人，这让马斯克着实不爽。

马斯克到达伦敦后，被朋友拉着去了一家俱乐部，那里喧闹的气氛逼得他想要离开，这时朋友叫来几个美女，其中一个叫妲露拉·莱莉的女演员顿时吸引了马斯克，两个人可谓一见倾心。

莱莉出演过电影《傲慢与偏见》《新乌龙女校》《海盗电台》《西部世界》等影视作品，虽然不是一线红星，也算是新生代女星，马斯克虽然比她大很多，不过身上成熟的气质深深吸引了她。莱莉对马斯克而言，也是一个气质独特的女演员。朋友觉察出两个人的微妙心理，撮合着他们在第二天约会。不过，莱莉的父亲得知后却极力反对，英国国家犯罪小组长出身的他看每个人都底子不干净，他经过调查后认定马斯克就是一个浪荡公子，还有5个孩子，然而莱莉对马斯克的过去毫不在意。

第二天约会时，马斯克和莱莉都带上了自己的朋友，于是气氛有些严肃，马斯克坦白了他的过去，莱莉觉得他很有诚意，两个人开始了正式的交往，有时他们去艺术馆

第七章
恩怨纠葛：前任和现任的轮转

参观画展，有时会在酒店里度过美妙的一个夜晚。

马斯克回美国以后，和莱莉依靠电子邮件保持联络，很快马斯克表示他要娶莱莉为妻，莱莉以为他在说笑话，马斯克却一本正经地说："如果你愿意，那我们可以用口头约定代替。"于是，22岁的莱莉约定了和37岁的马斯克的婚姻。

莱莉是一个优等生，又是父母眼中的乖乖女，在认识马斯克之前没有和任何男人亲密接触过，不抽烟，不喝酒，别看她性感迷人，却拥有加州理工学院的量子物理学博士学位。然而就是这样一个模范女孩，却准备和一个比她年长15岁、有5个孩子的男人结婚。在双亲的反对之下，莱莉感到很委屈，她相信自己的直觉。

事实上，马斯克并不像某些媒体报道的那样，是因为上一段失败的婚姻才冲动地爱上了莱莉，他对于婚姻的态度还是比较谨慎的。很快，他买了一颗超大的钻戒向莱莉求婚，之后又买了两枚，马斯克还表示想和莱莉生10个孩子。回头再看马斯克和贾斯汀，他们之间更多是青涩单纯的校园爱情，虽然美妙难忘却注定以悲剧收场，而马斯克和莱莉更像是挑战世俗的成年人之爱。

2010年，马斯克和莱莉步入了婚姻殿堂，本以为他们会开启一段不寻常的恋爱，而这段感情却在两年之后走到了终点。2012年，马斯克和莱莉离婚，莱莉得到了420万美元和一辆Roadster，这点钱对当时的马斯克来说可谓九牛一毛。然而让人意想不到的是，他们又在第二年复婚，这段小插曲没有持续多久，马斯克在2014年底就申请离婚，不过7个月之后又撤销了。最终，他们的婚姻在2016年3月21日彻底结束——莱莉向洛杉矶高等法院提交了离婚申请，这段感情就此结束。

马斯克和莱莉没有生育任何孩子，从表面上看他们很般配，但是剖开婚姻温润美艳的外皮就能发现，像马斯克这样有着远大理想的人，笃定不会把婚姻放在第一位的，他喜欢那些个性独立又气质脱俗的女人，但也时刻不会放弃占有欲和操控欲。

马斯克结束了和莱莉的婚姻之后，很快又寻觅到了新欢，她就是女演员艾德柏·希尔德——著名影星约翰尼·德普的前妻。

希尔德1986年出生于美国得克萨斯州，高中时期就进入演艺圈，曾经出演过《狂暴飞车》《朗姆酒日记》等影片，被认为是拥有91.85%的完美脸孔，当然她被大多数中国观众熟悉还是因为出演了《海王》中的湄拉一

第七章
恩怨纠葛：前任和现任的轮转

角。2011年，希尔德和德普因为《朗姆酒日记》而相识，2013年他们公布恋情，2015年在洛杉矶正式举办了婚礼。然而好景不长，希尔德在2016年向法院递交了被德普家暴的照片，2017年两人正式离婚。不过舆论对到底谁才是暴力的实施者一直存在争议，剧情多次反转，闹得沸沸扬扬。

马斯克和希尔德在2013年就认识了，希尔德吸引马斯克的主要还是那张精致的面容，所以他一直找人帮他和希尔德牵线搭桥，直到2017年4月两人公布了恋情。当时，马斯克在一款名为"Instagram"（照片墙）的社交应用上发布了与希尔德约会的照片并留言："我正与希尔德在黄金海岸的Moo Moo餐厅吃牛排。"希尔德也在推特上发布了一张类似照片，还故意拍摄了马斯克脸上的吻痕。

或许是两次失败的婚姻让马斯克有些畏惧，他和希尔德的恋情一直十分隐秘，刻意避开了熟人和媒体，所以外人知之甚少。2017年8月，马斯克和希尔德正式分手。有人说是马斯克得知了希尔德一些事情让他无法承受，所以主动提出分手并承受着巨大痛苦。当然，如果让贾斯汀和莱莉来评价，恐怕她们会一致认为还是马斯克的控制欲惹的祸。不过这一次分手比较和平，马斯克和希尔德都表示他们还是好朋友。2017 年 12 月底，他们还被媒体拍到一起吃饭，不过吃完以后各回各家。

在外界看来，马斯克除了对他的事业专一之外，对待感情并不专一，但其实细细品味，马斯克的风流史并没有多夸张，毕竟他要做的事情实在太多，如果一味留连情感，就不可能有 SpaceX 和特斯拉。事实上，对于一个有着 5 个孩子的父亲来说，可靠的生活伴侣和稳定的家庭才是他最需要的，那种浪漫但短暂的关系只能给他带来麻烦。

或许，马斯克真正爱的不是某个女人，而是某个女人在不同生命阶段中给他的感觉。

再入婚姻殿堂，思想实验是媒人

如果把孩子当成自己生命的延续，那么教育孩子就不再是一个家庭问题，而是一个"与自己对话"的哲学命题，它不只让我们用正确的态度面对子女，更提醒我们要勇敢而理性地直面内心：当我们与子女的关系出现问题时，是否要首先审视自己？

2020 年 5 月 5 日，马斯克迎来了他的第 6 个继承人，这也是他和现任女友格莱姆斯生的第一个孩子。

第七章
恩怨纠葛：前任和现任的轮转

马斯克和格莱姆斯是最有"综艺感"的CP，一个是疯狂瞄准火星的霸道总裁，另一个是赛博朋克风的独立音乐歌手，他们的结合本来就引人注意，而这个小宝宝的降生更是引起了大家的议论。

格莱姆斯于1988年生于加拿大温哥华，她不仅是一位音乐制作人和歌手，还是一个脑神经学科的学霸，毕业于加拿大排名第一的麦吉尔大学，被粉丝们称作"外星人"和"女巫"，她的手上也有外星人的文身，从这一点上看倒是和喜欢太空的马斯克很合拍。因为格莱姆斯性格怪异，所以不少人称她拥有多重人格：唱歌时就释放流行偶像人格，学习时就释放学霸人格。除此之外，格莱姆斯还是一个集合了多种病症的"活体病例博物馆"：患有语言障碍、阅读障碍、多动症和强迫症……说起来，格莱姆斯在性格上和马斯克很像，她也有着强烈的控制欲，MV必须自己独立制作，外人不能插手，而且她还是一个偏执狂，为了创作出自己想要的艺术形式，她曾经在录制作品前闭关三周，用绝食来刺激神经。

格莱姆斯和马斯克都是反潮流的人，她讨厌流行文化，坚持特立独行的音乐流派，所以一般人很难读懂她的内心世界。那么，马斯克和格莱姆斯是如何相识的呢？说来很有趣，他们的相识和一个名叫"Roko's Basilisk"的思想实验有关。

"Roko's Basilisk"是一个网名叫 Roko 的网友提出的一个思想实验，用以探讨有关人工智能的话题，后来因为引起网友的阴谋论猜想被管理员封禁。这个实验的大致内容是：终有一天世界上会出现无所不能的超级 AI，它们会判断自己的出现是否对人类社会有益，同时也会认为一切不支持人工智能研究的人都犯了罪，所以就会无情地折磨这些人。

巧合的是，马斯克和格莱姆斯都对"Roko's Basilisk"感兴趣，因为马斯克一直在关注人工智能技术的发展，他也曾经思考过一个问题：如果人类不帮助 AI 的话是否会遭到报复。后来，马斯克将"Roko's Basilisk"和"Rococo"(洛可可)一词联系起来，而"Basilisk"的意思是巴西利斯克(欧洲传说中的蛇王)，两个词组合成了"洛可可蛇怪"。

马斯克本想把这个超级冷笑话发布在推特上，却发现这个梗在 3 年前就被格莱姆斯创造出来了，他由此破解了格莱姆斯 MV 中的秘密，两个人开始了互动。对格莱姆斯而言，马斯克打动她的不是声望、财富和能力，而是一种深层次的理解，这和马斯克对待贾斯汀的科幻小说作家梦

第七章
恩怨纠葛：前任和现任的轮转

如出一辙。

马斯克和格莱姆斯的恋情是在2018年公布的，当时他们在被誉为"时尚奥斯卡"的"Met Gala"上公开亮相，马斯克抱着格莱姆斯快乐地转圈，表现得亲密无间，地球人这才知道马斯克又谈恋爱了。

在拥有了第6个孩子以后，马斯克成了一个名副其实的超级奶爸，他也要面对一个无法回避的问题：如何进行正确的亲子关系管理。

根据贾斯汀的描述，马斯克对孩子一直非常严厉，不允许在家中摆放毛绒玩具，因为马斯克自己的童年经历比较灰暗，所以他认为只有在严厉的家庭环境中，孩子才能早早地适应社会法则，才能变得个性强悍。所以，贾斯汀和马斯克在子女的教育问题上一直存在争议，这让贾斯汀无法忍受。

作为马斯克的子女，有一个富豪爸爸确实值得自豪，他们从小就能乘坐私人飞机出去游玩，也能参观父亲的工厂，但是在精神生活上却难以得到足够的父爱。当然，这里面也有客观原因——马斯克确实抽不出那么多时间陪伴孩子。

在有些媒体看来，马斯克因为自己缺失了幸福的童年，所以就把这种负面情绪转移到孩子身上，这一点和乔布斯非常相像。但是换一个角度看，马斯克也许并不是有意压迫孩子，而是他自己没有真正体会过如何与父亲自然相处，所以他也无法以正确的心态和孩子相处。

如果孩子在一个幸福的原生家庭长大成人，就会比较容易掌握经营家庭关系的诀窍，因为他们知道什么是正确的。但是在一个不幸福的原生家庭，孩子只知道什么是错误的，那么长大成人以后，即便他们想要和家人建立良好的关系，也缺乏对比样本。或许，马斯克也是如此。

除了原生家庭的阴影，马斯克的共情能力也存在问题，他的青少年时代除了和弟弟在一起之外，基本上没有朋友，这意味着他不太懂得与他人培养亲密关系。当然，有人会觉得马斯克拥有那么多的商业合作伙伴，共情能力怎么会差呢？其实，共情能力分为两种，一种是认知共情，另一种是情感共情。

大多数成功人士都有出色的认知共情能力，他们可以在谈判时秒懂对方，可以在头脑风暴时心有灵犀，但这都是理性层面的；而情感共情才是我们日常所说的共情，侧重于善解人意和洞察人心，而在这个领域，越是成功人士往往越是缺乏。马斯克也缺乏足够的情感共情能力，这影

第七章
恩怨纠葛：前任和现任的轮转

响了他和孩子进行深层次的情感表达。

马斯克虽然不能像一个普通父亲那样有大量的时间和情感倾注在孩子身上，但他也在不断努力维系和孩子们的关系。每个星期马斯克都要工作100多个小时，然而即便再忙他还是会抽出时间陪孩子玩耍和旅行，孩子们也会在父亲节的时候送给他礼物。单从这一点来看，马斯克内心深处还是想成为一个好父亲的，或许他也意识到过去对子女的态度并不完全正确。

也许是马斯克夭折的第一个孩子让他更加珍惜自己的亲生骨肉，只不过有时候他会以自己的方式表达这种爱，这一点尤其体现在对孩子的教育上——他为孩子专门创办了一所学校。

本来，马斯克的孩子入读的是洛杉矶的米尔曼学校，这个学校的教育水平本身就很高，但在马斯克眼中还不够达标，所以他才创办了一家名为"Ad Astra"的学校。校名是拉丁文谚语，意思是"坎坷之路，终抵群星"，足见马斯克对孩子的期许。他认为，学校应该让孩子在真实的生活中学习，所以不该按照年级来划分，他希望每个孩子都能通过解决问题学会批评的思维方式。现在，这所学校已经招收了不少来自SpaceX员工的孩子，孩子们在这里不仅要学习知识，还需要学会承担家庭责任。

和管理员工相比，亲子关系的管理更加复杂，它不仅需要依靠理性，更需要投入感情，虽然马斯克天然缺失了某些经验，不过至少他在努力去填补和孩子之间的代沟，或许当他有天回忆起自己的童年岁月时，会更加意识到亲子关系的和谐对人的成长有多么重要。

ELON MUSK

第八章

名扬海外:
真·钢铁侠的诞生

狂欢过后就是移居火星

移居火星是一个庞大复杂的计划，它不仅需要人类具备成熟的载人航天技术，更需要适合火星的地外交通运载模式。人类不是小白鼠，人类也不是温室之花，当人们踏上火星以后，需要具备在这个星球自由穿梭的能力，否则火星就不是第二个地球，而只是一个地外监狱。

这样一个尖锐的问题，马斯克是如何解决的呢？

2017年9月，在第68届国际宇航大会上，马斯克提出了一个惊人的计划：假如飞船能够被送上火星，那么是否也可以用于地球交通呢？

这个计划，我们可以把它看成是火星交通工具在地球的试运营，它关联着一个名词——BFR。

BFR全称是"Big Fucking Rocket"，是SpaceX计划

研制的超级火箭，主要用途是星际运输、太空站补给以及月球基地建设等，所以同时设计了载人舱、载货舱以及太空加油船三种运载模式，功能齐全。

这个带着浓浓黑科技感的BFR分为两部分：第一部分是主推力火箭，它由31个Raptor甲烷火箭引擎提供动力；第二部分负责载人和起降。和以往的火箭不同，BFR的两部分都能返回地球表面，回收率高达100%，而且这个超级火箭能够反复使用1000次，绝对称得上是经济型的超级运载工具。如果在火星普及这个火箭，人们可以在飞行时速27000公里的条件下任意穿梭。如果用在地球上，这个速度意味着到任何一个地方都不会超过一小时。

BFR和民航飞机相比，载人部分非常庞大，足有八层楼高，空间容量超过空客A380，能够为100名乘客提供旅行服务，至于它的飞行策略也是独树一帜：发射升空后，不像火箭那样直接进入轨道，而是完全在地球内部运动，乘客会根据目的地被带往各个着陆点的发射台，然后通过电梯离开。

马斯克为了增强直观感，举例说明了BFR的运送效率：香港到新加坡只需要22分钟，洛杉矶到纽约只需要25分钟，而横跨大西洋去巴黎也仅仅需要30分钟……

第八章
名扬海外：真·钢铁侠的诞生

一时间，不少人为这个计划而欢呼雀跃甚至陷入美妙的遐想。

马斯克对 BFR 的构想，就是对未来人类在火星上如何高效生活的探索。当这个超级运载工具被应用到地球上时，它就成为可以取代飞机的新型运输模式。2017 年 10 月，马斯克在澳大利亚的一次演讲中再度提到了人类未来的交通运输系统，同时向大家透露了 SpaceX 的"地球长途旅行"，这个计划就是要实现"洲际火箭旅行"，人们甚至可以通过乘坐火箭上下班。

对马斯克的拥趸来说，该计划听起来疯狂却并不是妄想，因为随着全球经济一体化的发展，飞机高铁已经不能完全满足人们对空间距离的要求，尤其是大量海外公司的雇员，他们远离故土，自然渴望能够像在本国通勤一样正常上班回家，那些整天"打飞的"的商务人士，也希望能缩短无聊寂寞的旅程，而 BFR 无疑让他们看到了曙光。

马斯克为 BFR 构建的产品逻辑是没有问题的，因为 SpaceX 已经掌握了火箭安全回收技术，目前进行的研究是强化落地时的姿态控制，这意味着 BFR 能够像大巴车一样操控自如。现在最棘手的问题恐怕就是需要构建更为庞大的交通管控系统，而且这需要世界多个国家的通力合作才行。当然，这个交通领域的乌托邦能否实现，需要解决三个问题。

第一，是否足够安全。

和民航相比，火箭自身存在着很多不确定因素，主要是在加速和减速的过程中，消耗过多的燃料会延长飞行时间，等于变向抵消了火箭高速度的优势，所以这个过程中会存在隐患，另外就是火箭的飞行轨迹和洲际弹道导弹非常相似，在横跨多个国家和地区时有可能会被拦截。

第二，是否足够经济。

马斯克的未来受众是全人类，所以不够经济就无法普及，但火箭燃料本身造价昂贵，高度达到106米的BFR相当于"猎鹰9号"的两倍制造成本，这意味着发射成本超过了民航，那么乘客会愿意花这么多的钱坐着它上下班吗？

第三，是否足够舒适。

马斯克已经模拟出了BFR的时速高达1.67万英里（约合2.7万千米），这意味着乘客会体验到失重，这可比坐民航的感觉更糟糕，会引起人呕吐和不适，如果体验一次还好，可如果每天乘坐它通勤简直就是噩梦，而且受制于不同的体质，有的人不良反应会更严重，那么引发的就不

第八章
名扬海外：真·钢铁侠的诞生

是舒适问题而是安全问题。不过，马斯克也做出了分析：当火箭进入到平稳的飞行状态时，人们不会再感受到不适，只是在上升和降落的过程中会产生眩晕感。

这三大问题归根结底还是技术问题，随着时间的推移，相信总会找出解决的方案，但是除此之外还有观念问题，那就是多少人愿意尝试这种全新的运载工具，即便它的安全性和舒适性有质的改善，人们还是会抱以观望的态度，更重要的是，当载人火箭能够自由穿梭在各大洲的时候，又会引发什么样的国家安全问题呢？

或许对地球来说，BFR 问题多多，但在没有政治意识形态的火星，BFR 似乎更有用武之地，如此看来，马斯克并不担心在地球上无法实现洲际火箭旅行，因为他的真正目的是将 BFR 运用到火星上，BFR 在那里的普及速度和顺畅程度都会优于地球。这当然是一种猜测，不过从马斯克的一贯作风来看，他的商业计划和实操行为都是环环相扣的，他不可能不考虑人类移居火星之后的交通问题，那么 BFR 就是先行一步的试验品，既能够对技术进行检测，也能给予人们适应的过程。

敢想就成功了一半，不敢想就注定不敢行动。在马斯克眼中，"敢想"仍然是一个初级阶段，他要做的是"妄想",把想象力朝前继续推一大步,才能无限接近那个遥远而恢弘的终极目标。

垄断火星:人类新生活的构想

"心有多大,舞台就有多大。"这句话听起来很鸡汤,但在敢想敢干的人那里,它不仅代表着一种世界观,也代表着一种方法论。马斯克的野心,让他的舞台从地球扩大到了太空。

SpaceX 的成功已经让一些人相信,移居火星并不遥远,太空也并非是不可征服的,它代表着一个等待开发的全新领域,这里有商机,也有消费者。没错,马斯克也是这么想的,他要做的是把更多的人从仰望星空的观察者变成畅游太空的消费者,而他创办的公司则要为这些消费者提供产品和服务。

既然是一个存在商机的市场,势必要遭遇竞争者,除了 ULA 这个庞然大物之外,马斯克还要和另一家企业博弈,它就是轨道科学公司。

轨道科学公司于 1982 年成立,和 SpaceX 一样都是资金薄弱、依靠招商引资逐渐发展起来的。不过它没有马斯

第八章
名扬海外：真·钢铁侠的诞生

克那种宏伟的移居火星的计划，大部分项目还是停留在如何让小型卫星上天，对此也积累了丰富的经验。因此，轨道科学公司的研发模式是"小而专"，不是 SpaceX 的"大而全"，公司需要的很多设备、零部件都依靠从俄罗斯和乌克兰购买，因此它更像是一个组装公司，当然这并不代表它竞争力弱。

轨道科学公司和马斯克的矛盾焦点集中在商业卫星发射和国际空间站补给的业务争夺上。不过，双方也存在着合作的可能，因为轨道科学公司缺少足够的技术，生产的火箭曾经在发射台上爆炸，这比 SpaceX 初期的试射还要糟糕，为此公司曾经向马斯克求助，希望获得 SpaceX 的技术服务。从这一点来看，足以证明 SpaceX 航天领域的技术积累得到了同行的认可。时至今日，轨道科学公司依然是 SpaceX 的有力竞争者，它已经将业务扩展到中型运载火箭和卫星市场。

2012年5月22日，在经历多次延期后，"猎鹰9号"火箭成功发射升空，把货运龙飞船送到预定轨道，在太空舱脱落后，依靠自身携带的太阳能板维持供电，朝着国际空间站继续飞行。5月25日，龙飞船与国际空间站成功对接，成为有史以来第一艘造访空间站的商业飞船。虽然是首次尝试，但从开始到结束的全过程内几乎毫无瑕疵。

2012年5月31日，龙飞船返航，在加利福尼亚附近的太平洋海域准确溅落，只比原计划提前了两分钟。马斯克坐在飞行总控室内的第一排座位上，通过推特宣布："溅落成功！派快艇去迎接飞船！"此次国际空间站验证飞行任务中，龙飞船圆满完成了一系列在轨验证任务、交会对接试验和货物补给验证，而这些本应在两次单独任务中实现。

龙飞船是世界上第一艘与国际空间站成功对接的商业飞船，创造了商业航天的历史，为商业航天未来的发展奠定了坚实的基础。人们对SpaceX有了新的认识，特别是对NASA来说，他们终于发现SpaceX拥有不可预知的发展潜力，而马斯克则是一个永远猜不透他底牌的创业家，与传统的研制方案相比，此后的任务能以极低的成本完成，对于美国纳税人来说也是一件好事。或许是看到了SpaceX未来的发展前景，NASA又给了它4.4亿美元的专款，让SpaceX研制载人航天器。

这一天，距马斯克创立传奇般的SpaceX也不过短短10年。

2014年，在SpaceX获得了美国政府26亿美元的订

第八章
名扬海外：真·钢铁侠的诞生

单之后，马斯克立即投入到设计新型的载人飞行器——龙飞船 2 代。

和第一代相比，第二代龙飞船的设计目的并非是给国际空间站提供补给，而是为了运载宇航员。所以在 SpaceX 和 NASA 的合同中标明了"商业宇航员计划"，SpaceX 有义务帮助 NASA 运送宇航员和货物，还要免费运送平民。

因为龙飞船 2 代瞄准的是低地轨道，所以叫它"太空出租车"一点也不为过。它的密封太空舱能够乘坐 7 人，还可以拆掉一部分用来载货，有效荷载空间是 10 立方米，此外还有专门存放货物的货室，能够根据实际需求额外增加 14 立方米的无压空间。

龙飞船 2 代能够在完成任务后返回地球，返回方式十分独特，不是伸出机翼或者打开降落伞，因为它自身已经配备了 8 个超级推进器用来和地心吸力抗衡，也就是说可以像直升机一样缓缓降落在地面上。

对载人航天器发射而言，最危险的环节要数发射阶段，马斯克为了让这个太空出租车招揽更多的乘客，特别加强了安全设计。2015 年 5 月，龙飞船 2 代进行了第一次发射逃生测试，太空船在升入天空之后，只需要 1.2 秒就加速到时速160公里，超过过山车的速度，降落伞也能够在第一时间打开，然后迅速进入平稳降落的状态。另外，一旦在发射时发生紧急状况，龙飞船2代能够借助推进器完成降落，可以在两个推进器都失效的情况下维持正常运行。

既然是太空出租车，那么它必然要有重复使用的基本属性，而这正是龙飞船2代最大的亮点之一，它的诞生无论对宇航员还是普通人都是一个重要的进步，其意义不亚于阿波罗号探月时人类迈出的第一步，也是几十年以来美国第一次制造出的载人宇宙飞船。

龙飞船2代的横空出世，宣告了马斯克对空间站补给的业务构想，他希望这种载人飞行器能够在国际空间站附近停靠，不用借助笨重的机械手臂将其拉动到舱门附近，就像科幻电影中描述的那样自由。和龙飞船2代同期产生的新品还有猎鹰重型火箭，马斯克将它定位为世界上最大的火箭，它是由3枚"猎鹰9号"火箭合成的，载重能力高达53吨。从表面上看，SpaceX没有单独开发巨大的引擎似乎是在偷懒，实际上这是马斯克为了设备标准化敲定的商业思路：无论是猎鹰系列的哪种型号，都能够使用相同的设备，这就好像M16枪族使用统一的子弹，能够方便人们的使用、保养和维修，无疑是具有先见之明的。

随着产品群的扩大，SpaceX 的生产能力也大幅度提高，过去一年只能生产两枚火箭，现在一年能生产 20 枚，而且造价也进一步降低，另外 SpaceX 对火箭上的很多零部件都进行了改革，有些是微调，有些则是创新，目的都是为了让火箭的性能更为出色，这对于竞争者来说是非常可怕的征兆——马斯克正在改变行业格局。

离开地球是终极目标

随着 SpaceX 的快速崛起，业界也发生了震动，因为人们看到它不仅具备和业界大佬平起平坐的能力，也扮演了一个搅局者的角色，不管是波音还是洛克希德，都在 SpaceX 高技术低价格的逼抢之下变成了弱势的一方。于是，大公司被迫调整商业模式，小公司寻求新的生存策略，它们都在这个暮气沉沉的行业中感受到了危机，当然有的人畏惧 SpaceX，认为它会开启行业的新时代，也有人认为 SpaceX 不会掀起大风浪。

不过，美国政府却是 SpaceX 崛起的受益者，在此之前，国际商用发射领域的主角是中国和俄罗斯，而马斯克帮助美国抢回曾经属于自己的风头。SpaceX不仅代表着"发射升空",也代表着"自由遨游",只要你能付得起钱,任何与太空有关的业务都能接过来。

21世纪,太空卫星服务变得举足轻重,不少国家都努力把一颗又一颗的卫星送上太空,它们不仅能够提供网络、广播、气象等民用服务,还有更重要的军事用途,这也成为人类未来生活的主旋律之一。能否在这一领域成功开拓,将决定着未来对这块市场的控制能力。同时,卫星制造及相关服务也是获利最多的项目,美国一直尝试在这个领域建立优势,目前美国生产的卫星占据全球的30%以上,而卫星营收占全世界的60%左右,剩下的40%则是被中国和俄罗斯等少数几个国家垄断。

独霸太空是美国政府的顶级的美国梦,而马斯克则把这个追梦行为推向了顶点。从思维方式来看,马斯克非常激进,他对传统的航天工业有了新的看法,所以SpaceX成为一个不断颠覆传统的公司,也不会满足只能和美国政府合作。

可回收的火箭就是最大胆的构想和突破,如果这项技术能够最终实现,那么马斯克就会真正建立一个太空帝国,以最低廉的成本与诸多强劲对手抗衡,而SpaceX的收入

第八章
名扬海外：真·钢铁侠的诞生

将以数亿美元计算，马斯克的身价也会持续暴涨。

2017年8月4日，马斯克在他的推特上转推了一篇媒体文章并评论说："非常期待明年能将NASA的宇航员送到国际空间站。"然而接下来的两年间这个目标并没有实现，马斯克再次遭受外界的嘲讽。直到2019年3月，龙飞船2代进行了为期六天的试飞，最终降落在大西洋的预定海域，尽管这次飞行搭载的只是一个假人，却已经达到了载人航天的全部要求。2020年5月31日，龙飞船2代依靠"猎鹰9号"的强大推力将两位宇航员送入国际空间站，在全世界引起了轩然大波。从2014年龙飞船2代亮相以来，马斯克花了5年的时间去完善它，最终迎来了胜利。

这一次成功，再度让人们对马斯克产生敬佩和畏惧，敬佩的是他创造了历史，畏惧的是他们不知道SpaceX还藏着多少有待爆发的力量。SpaceX的诞生和发展，正在颠覆航天领域中常年积累的弊病和错误思维，这是马斯克带来的变革之力。

当然，马斯克并不会就此满足，因为龙飞船2代只是一个跳板，在它后面还有载人登陆火星、移居火星等更为宏远的计划，所以在龙飞船2代上采用了侧壁式推进器和着陆腿的设计，就是为了便于在火星表面软着陆。

龙飞船 2 代的顺利发射，意味着马斯克制定的"星际运输系统"（Interplanetary Transport System，ITS）将全面打开太空旅游的新世界，人类不仅能够在火星建立永久性的自维持基地，还能够乘坐载人飞船游览地球周边的风景。马斯克认为，星际运输系统将制造出人类航天史上最大的火箭，每次发射至少可以运载 100 人前往太空。

"星际运输系统"是马斯克在 2016 年的第 67 届国际宇航大会上提出的，当时他做了名为"让人类成为一个多星球物种"的主题演讲，在演讲中，马斯克公布了 SpaceX 设计的"星际运输系统"，这个系统包括了载人飞行、火星降落、巨型火箭等多种技术，甚至还提出了一个"太空加油"的概念。当然，所有的技术都是围绕人类未来的主题：人类目前只有两条路，一条是老死在地球上等待灭绝，另一条是离开母星开拓其他星球。总的来说，"星际运输系统"就是让更多的人能够承受得起火星旅行。根据马斯克的分析，他认为运输系统的费用会在 10 万美元以下，这比任何一个前往国际空间站的飞行成本都要低。

当然，想要让这套系统真正成熟起来，不是几年内

第八章
名扬海外：真·钢铁侠的诞生

能够实现的，而马斯克的移居火星计划就要花费40年到100年的时间，他把这个必要的开拓过程和美国的殖民历史做了对比——加利福尼亚在建造联合太平洋铁路之前也是荒芜之地，而现在成为美国主要的经济文化中心，这其中铁路起到了重要作用，那么"星际运输系统"也是开发火星的关键因素，而龙飞船2代的载人飞行成功，意味着迈出了具有里程碑意义的一步。

想想马斯克的那句话："我真正想做的是在有生之年能够登陆火星表面，为人类探索太空做出积极贡献！"你很可能会盼望着自己有朝一日搭乘太空出租车去遨游太空，也更想知道加利福尼亚的历史是否能在火星重演。

如此看来，马斯克是铁了心地要带着人类离开地球，他在与传统观念博弈，他在与传统技术博弈，他还在与未知的太空博弈，倘若没有一副铁胆雄心，断然不会如此执着，如此让人心生敬畏。

战略对抗：与贝佐斯竞速太空与大地

英雄相惜，是让吃瓜群众又爱又恨的场面：爱是因为它能打动人心，恨是因为它消除了矛盾让人没戏可看。在现实生活中，英雄相惜的确存在，只不过常和"英雄斗气"如影随形。

马斯克自从创业以来，可谓处处遭遇敌手，尤其是在SpaceX发展的过程中，面对的都是拥有雄厚资金实力的竞争对手，而且其中还牵扯到和美国政府的关系问题，前有ULA，后有轨道科技公司，好不容易与NASA进行了合作，马斯克又遭遇到一个强劲的对手。

这个对手就是"Blue Origin"（蓝色起源），它的创始人大家并不陌生，正是靠着贩书起家的杰夫·贝佐斯。有意思的，这两位世界级的大佬在共同进入航空领域之后，就开始了一段"相爱相杀"的斗争，而且其中掺杂着无厘头和几分童趣。

贝佐斯出身华尔街，25岁时就成为信托公司最年轻的副总裁，两年后他又成为一家对冲基金公司的副总裁，或许是前半生发展过于顺利，贝佐斯对华尔街失去了兴趣，于是在29岁那年动用父母给予的30万美元在车库里建立了一个卖书网站，成为后来的亚马逊。当时，很多传统书商都看不起这个在网络上诞生的"书摊"，然而贝佐斯最终从一个书贩子变成了百货商厦的大老板，把亚马逊打造成了一个无所不卖的大型网络卖场。

第八章
名扬海外：真·钢铁侠的诞生

也许是亚马逊的成功也缺少了艰辛和曲折，所以贝佐斯很快又觉得很无聊，于是他把触角伸到了地球之外，投资创办了 Blue Origin。2014 年，贝佐斯宣布 Blue Origin 和 ULA 建立合作关系，Blue Origin 主要负责开发 ULA 的火箭引擎，它们共同的商业目标是将美国政府的军事卫星送到太空去。

ULA 的竞争对手是 SpaceX，这点贝佐斯是再清楚不过了，所以他一直关注马斯克，为了让媒体把聚光灯多打在自己身上，他在 2018 年 4 月表示，自己的火箭是"最稀有猛兽"——航天史上第一个能够回收的火箭。显然，这句话是在针对马斯克，不过马斯克也很快做出了回应，称 SpaceX 早在 2013 年就实现了可回收技术。

说起来，马斯克和贝佐斯有很多共同之处，他们都成长于单亲家庭，都有着强烈的偏执心理，同样喜欢科幻题材的小说和影视剧，因为在青少年时期都遭人欺辱，所以有着异于常人的危机感和爆发力，这些性格特征体现在商业上就是喜欢冒险。这些共同点，也让两个人总是狭路相逢互不相让。

贝佐斯虽然是金融出身，不像马斯克那样掌握着丰富的科学理论知识，但是他对自己的火箭却非常自信。不过从技术层面来看，SpaceX 明显要强于 Blue Origin，因为马斯克的发射成功率不断提高；从营销上讲，马斯克也喜欢在媒体面前保持高调，而贝佐斯则相对内敛，所以 SpaceX 的圈粉速度和吸金能力比 Blue Origin 更胜一筹。

马斯克和贝佐斯，都在努力研发可以自由飞行到其他星球的飞船，这个共同的目标导致他们摩擦不断，曾经因为 NASA 的发射台使用权争执不休，尽管马斯克最终获胜但贝佐斯也不甘退让，他为自己拉到了一批实力强大的盟友，让马斯克不得不正面迎击强大的 ULA 以及其背后的支持者——国会。

尽管如此，马斯克却并不畏惧贝佐斯，因为对方的阵营看似强大，却很难带动 Blue Origin 走上王者之路，因为 ULA 的大部分成员都来自老牌太空公司，缺乏创意和勇气，在技术上不过是吃老底儿，而马斯克给 SpaceX 制定的核心原则是打造全新的格局。

贝佐斯也意识到队友带不动的问题，所以他绕开自身的弱项，通过玩权谋的方式与马斯克对抗。比如为了搞到 SpaceX 自主研发的摩擦焊接技术，他直接把马斯克手下的摩擦搅拌专家米耶科塔重金挖过来，还引发了专利纠纷。这种行为在马斯克看来实在是强盗行为，于是把和 Blue

第八章
名扬海外：真·钢铁侠的诞生

Origin 有关的字符都拉进了公司计算机系统的黑名单，只要是沾边这几个字母的邮件都会被直接屏蔽。

不过，贝佐斯在航天领域的商业思维确实不如马斯克，他的战略规划也出现了问题，在 Blue Origin 与 ULA 合作之后，贝佐斯不仅没占到便宜反而要接济 ULA 里的老盟友们。2016 年，贝佐斯发布了一个"大型可重复使用的轨道火箭"计划，目标是让上百万人能够在太空工作和生活，矛头直指马斯克的"星际运输系统"，这让马斯克倍感压力。

马斯克给 SpaceX 创建了一个"星链计划"，打算把 1.2 万颗通信卫星发射到近地轨道，野心相当不小；无独有偶，贝佐斯也马上提出一个"卫星发射计划"，计划发射 3236 颗宽带通信卫星至近地轨道，为偏远地区打造高速度的互联网。

世界上虽然没有永远的敌人，但会存在永远的敌对思维。敌人通常是按照立场和利益来划分的，能够随着环境的变化而变化，但敌对思维往往是三观问题，很难通过利益调和达成一致，马斯克和贝佐斯正是如此。

2016 年 6 月 1 日，贝佐斯出席了美国知名科技网站 Recode 举行的一次会议，谈到了有关太空探索的问题，当被问到他和马斯克的区别时,贝佐斯回答:"埃隆在很多方面跟我志同道合。"后来贝佐斯话锋一转,说两人的动机不一样:他只是想去火星上看一看,而马斯克却是一种执念。

的确,在有关人类开拓外星的问题上,贝佐斯和马斯克的想法完全不同,贝佐斯认为与其移居到火星这块不毛之地,不如把宝贵的资源和精力用在研究零重力和太阳能上面,将地球改造得更好不行吗?这也成为两个人敌对思维的核心分歧点。

从 SpaceX 和 Blue Origin 的现有技术和成就来看,马斯克更胜一筹,但是贝佐斯拥有雄厚的资本去打一场持久战。2020 年,马斯克身价超过脸书的创始人马克·扎克伯格,跻身世界第三大富豪,而贝佐斯仍然排在他之上,这也加重了两个人之间的火药味。

有意思的是,马斯克和贝佐斯不仅在太空领域争霸,在地面上也没有闲着。

最近几年,亚马逊在自动驾驶和电动汽车领域频频出手,不断向特斯拉发出挑战,马斯克也曾经愤怒地指责贝佐斯抄袭。如今,亚马逊斥资 5 亿美元投资了电动皮卡新创业公司 Rivian,成为特斯拉皮卡项目上的重要竞争对手。

第八章
名扬海外：真·钢铁侠的诞生

亚马逊在收购 Zoox（来自硅谷的神秘无人车初创公司）之后，每年还会投入 20 亿美元发展自动驾驶技术。有分析师认为，一旦 Zoox 的现有技术可以应用到实践中，就能开发出更高效的配送网络，这将为亚马逊每年节约 200 亿美元的物流成本。

目前特斯拉的自动驾驶仍然为辅助自动驾驶，虽然马斯克多次承诺要尽快实现完全自动驾驶，但从现在的状况来看还是存在着一定距离，这让马斯克的"百万自动驾驶出租车计划"受到严重的挫伤，他不仅拿不到监管部门的批准，也无法让用户相信这些汽车真的能适应各种复杂的路段。安全，永远是特斯拉首要解决的问题。相比之下，贝佐斯布局的无人驾驶物流车则没有这些风险，这给了亚马逊弯道超车特斯拉的机会。如果贝佐斯率先拿到了出租车商业运营许可，那么特斯拉的日子会更不好过。

显然，马斯克的太空事业和地面事业，已经不可避免地和贝佐斯正面相撞了，这将是一场漫长的争斗。因为他们竞争的赛道很长，不管是太空探索还是自动驾驶业务，都是具有长期增长潜力的领域，只要不出现严重失误，双方都能顺利地占领足够大的市场，获得足够多的回报，尤其是在太空领域，美国政府为了避免一家独大也会采取平衡之术。另外，两家竞争日益走向白热化，会强化在各自领域的头部地位，正应了"老大和老二打架把老三打没了"的定律，反而更不容易直接消灭对方。因此，马斯克和贝佐斯的太空地面大战，鹿死谁手难以预测。

对马斯克来说，只要有贝佐斯在，SpaceX 就不是唯一有发展潜力的私人航空公司，特斯拉也不是唯一发力新能源的汽车公司，当然这种挑战也会促使特斯拉在危机感中不断完善。

抛开竞争关系不谈，马斯克和贝佐斯都是敢吃螃蟹的人，所以他们也在一定程度上尊重对方。曾经有人问过马斯克一个问题：如果有一个按钮，按下去就能让对方的公司消失，你会按吗？马斯克谦虚地表示自己是不会按下的，因为他和贝佐斯都是为人类的利益而推进航天事业的。同样，当人们问贝佐斯如何看待 SpaceX 这些竞争者时，他表示希望大家都能取得成功。当然，这些都是发表在公众场合的面子话，但我们也有理由相信，对一个志向高远的创业者来说，能够在深耕的赛道里遇到强劲的对手，也是一件幸运的事。

第八章
名扬海外：真·钢铁侠的诞生

火人节点亮那个男人的野心

地球上有无数个节日，那么当人类移居到火星以后，是延续传统节日还是会创造出属于火星的节日呢？其实，地球上还真有一个放飞自我的特殊节日，有成为"火星节"的潜质，它就是火人节。

火人节的起源有两种说法：一种是火人节兴起于1986年，几个人在旧金山的贝克海滩燃烧了一个2.7米高的木头人和一个木头小狗，他们认为这些燃烧的木头雕像能够表达人们的态度，于是"火人节"的灵感诞生了；另一种是"火人节"源自于一对离异的夫妇，丈夫为了埋葬消逝的感情用木头做了个假人，然后在旧金山的海滩上将其烧掉，表示要重新开始，结果被警察驱赶，只好去内华达的黑石沙漠燃烧，"火人节"由此诞生。

这个听起来有些荒诞的节日，从创立那一天开始就吸引了硅谷的技术大咖们的关注，甚至有些政客也对其情有独钟。美国前总统奥巴马这样评价火人节："看吧，这些美丽并充满活力的人们齐聚于此，传递爱意，彼此关照。这几乎是我所希冀的明日美国。"

其实，无论是哪一种起源，火人节都代表着一种颠覆和开拓的思潮，不受传统思维的束缚，所以才吸引了那么多思想前卫的人加入，他们并不是真的认同反传统的正确性，而是希望通过火人节表达自己探索新世界的诉求。

在火人节现场，你能看到全世界最特立独行的艺术家和嬉皮士，还能看到无数传奇的创业家：谷歌的拉里·佩奇和谢尔盖·布林，亚马逊的杰夫·贝佐斯，脸书的马克·扎克伯格以及来自推特、优步的员工和风险投资者。当然，也少不了埃隆·马斯克。

和传统节日相比，火人节更像是一个大型的狂欢派对，通常只举办8天，这导致出现了一票难求的局面，票价经常被炒到几百美元，而这仅仅是"入场券"的花费，参与者还要担负着长途旅行和食宿等其他费用。尽管如此，人们还是向往参加火人节，正如网上流传的那句话："你的帐篷隔壁可能住着马克·扎克伯格。"正因为如此，一些美国人将火人节看成是科技富豪和精英的年度隐世圣地。

在火人节上，你可以把任何想要带来的东西拿进来，哪怕是一个粗制滥造的南瓜壳，因为火人节拥有着互联网一样的包容性，它也被一些人看成是"世界最后的乌托邦"。在短短的8天里，人与人之间实现了短暂的平等，这里没有钱，没有身份和地位的差异，想要获得某样东西只能物

第八章
名扬海外：真·钢铁侠的诞生

物交换。

马斯克就是火人节的忠诚粉丝，为什么他钟爱这个节日呢？或许和他对硅谷精神的理解有关。2015年4月，HBO推出的连续剧《硅谷》吸引了很多观众收看，很多人觉得看了这部剧就等于了解了硅谷，马斯克却给大家泼了一盆冷水："我觉得Mike（《硅谷》导演），可能从来没有去过火人节，火人节体现的才是硅谷精神。如果你没去过就不会明白。即使把洛杉矶最疯狂的派对扩大1000倍，那也比不上硅谷的一点点。"关于这部剧是否还原了真实的硅谷，马斯克这样说："硅谷真相？这部剧比小说还离奇。大多数创业公司像部肥皂剧，但不是那样的肥皂剧。工程师们聪明、有见地、很了不起，也很奇特，但不是剧里那种奇特。"

其实，火人节除了象征着互联网精神和硅谷精神之外，在马斯克看来，它还代表着一种时代精神：号召人们打破传统常规，遵从"去中心化"。这和马斯克的创业理念有相似之处：他"狂妄"地要带领人类移居火星，他热切地要改变汽车的动力模式……这些都和火人节的精神内核有关。

参加过火人节的人，将它的核心原则进行了归纳总结：包容、去商品化、免费给予、自我表现、自力更生、社区精神、积极参与、公民责任。有意思的是，这些原则似乎都能从马斯克的履历中找到契合点，下面我们就来一一分析。

包容——虽然马斯克有很强的控制欲，然而他在思想层面还是比较开明的，几乎能够接受任何新鲜事物，这是他敢于思考和善于思考的根基；

去商品化——马斯克创业的初衷并非只为赚钱，而是为了帮助人类解决现实困境，因为如果爱钱他本可以继续深耕互联网金融，而不必冒着风险去造火箭和电动汽车。

免费给予——马斯克对待理想有着"不求回报"的特殊情怀，比如他梦想的移居火星，这是一个回报慢、需要长期投入的超大型项目；

自我表现——马斯克喜欢在媒体和大众面前展示自己，传递自己的想法，也让他有了更多造势宣传的机会；

自力更生——马斯克在 SpaceX 的运营原则上充分体现了"能自主生产就不找供应商"的原则，这样做的根本目的是不受制于人；

社区精神——马斯克移居火星的计划，从本质上看就是为了缓解地球人口压力打造出的新人类社区；

第八章
名扬海外：真·钢铁侠的诞生

积极参与——马斯克无所畏惧地挺进航天、电动车、清洁能源三大陌生领域，这是对未来世界科技发展和人类社会演化的高度参与感；

公民责任——马斯克对清洁能源的追捧源于对国家能源战略的考虑。

也许对某些人来说，火人节充满着叛逆精神，很难理解参与者的心态。其实火人节并没有超出人类的理解范围，在科技飞速发展的 21 世纪，人类面临着传统生活被现代观念挑战的局面，技术的进步改变了人与人的交互方式以及人类理解自我的程度，所以人们需要在这个充满变革的时代具备开拓者的精神，才有足够的勇气和智慧去将这个世界改变得更加美好。从某种意义上讲，火人节并不是让现代社会和传统观念相互割裂，而是在它们之间寻求一种融合方式，让人们以自由和进步的视角去理解传统和现代的关系。

回头看看马斯克，他对太空世界的不断探索，和大航海时代的冒险家们并没有本质区别，他依然在为人类的生存空间寻找新的登陆地，只不过借助的工具不同、指导思想不同，而这就是马斯克自我表达的内核：他要带着自己的"船队"寻找一个神秘的"新大陆"，那里藏着人类延续文明火种的希望。

  对马斯克而言,他生命中的每一天都是火人节,他不仅在燃烧着脑洞,也在燃烧着自己。这个不想死在地球的男人,很可能在某一天,和他的追随者们创造出一个新的节日:或许是致敬火人节,或许只属于火星——人类的新家园。

后记

当今世界上，有杰出成就的人很多，商界中的奇才更是不胜枚举，那为什么要撰写一本关于马斯克的传记呢？因为马斯克目前经营的所有项目，比如火箭星际飞船及其发动机系统、电动汽车及自动驾驶系统以及再生能源储存系统等，这些无论挑出哪一个，都给现代人类带来了无穷无尽的遐想空间。我们可以大胆地预测：如果马斯克的这些项目都能顺利发展并取得阶段性的成果，无疑会为人类社会的未来提供一个先进的基础平台，让科幻电影中我们憧憬的那些画面都能得以实现。

除去马斯克的创业成就，单看他个人也是值得关注的，他出生在一个支离破碎的家庭，有着并不算幸福的童年，又孤身一人前往美国寻梦，赶上了互联网发展的黄金阶段，却又在赚到大量财富后进入了对他来说完全陌生的领域，在历经数不清的失败之后终于迎来事业的拐点……如此丰富的经历可以让我们从性格、家庭、婚姻、职业、梦想等多个方面找到自己的影子，我们和马斯克的距离被拉近了，我们就可以通过他的思维方式和实操手段寻找一个参考样本，而不是仅仅作为一个旁观者去欣赏一个奇才的成功。

希望我们都能在这本书中，在马斯克身上，寻找到自己的影子和梦想。